ユニバーサルデザイン教室の罠をとりのぞけ！

どの子もつまずかせない

上條 大志 著

明治図書

はじめに

「昔のようにはいかない」そんな言葉を最近はよく耳にします。

時代が変わっているのですから当然です。

30年くらい前。小学生だった私は，校内に設置されたパソコン教室に移動し，お絵描きや簡単な文書作成などの体験をしました。しかし，週に1回利用できれば良い方で，実際は1か月に，あるいは数か月に1回使う程度でした。さらに，1台のパソコンを複数人が交代で利用していたと記憶しています。でも，令和の今は，1人1台の学習用端末が用意され，いつでも，どこでも，誰でも利用できるようになっています。

他にも，30年前とは随分違う教育環境になっているものがたくさんあるはずです。

その一方で，30年間変わっていないこともたくさんあります。例えば，教室では，大勢の子どもたちが黒板の方向を見て，一斉授業が展開されています。黒板を使っていること自体も変わっていないのかもしれません。

儀式かのような授業前後の号令。新聞づくりでの評価。全員の前で行われる歌のテスト。今，教師として指導していることが，30年前に子どもとして指導を受けたことをなぞってしまっていないでしょうか。

「昔のようにはいかない」と言いつつも，同じ方法で指導していないでしょうか。そもそも，子どもの実態が全く違うのに，過去の経験をあてはめて，都合の良い解釈で子どもを理解し，教師にとって都合の良い方法で指導してしまっていないでしょうか。

こうした状況は，決して教師自身が意図して招いているものではないでしょうし，悪意など全くありません。教師が自身の経験から，良いと感じたものを，良かれと思って行っている指導なのです。でも，結果と

して子どもの学びにくさを生んでしまっている状況があります。これが私の言う「罠」なのです。教師が意図せずはまる「罠」により、教師自身が子どものつまずきを生み出してしまう。そのような本末転倒な状況が、今あるのです。

　本書は、こうした教師がはまる「罠」について解説しながら、子どものつまずきを生み出さないようにする、これまでとは違った視点から教育をユニバーサルデザイン化することについて解説していきます。

　第1章では、教師がはまる「罠」によって、子どもがつまずいていることについて解説し、教師が「罠」にはまらないようにするには、どうしたら良いのか提案していきます。

　第2章では、具体的な場面を想定しながら、どのような「罠」にはまってしまうのか。そして、子どものつまずきを防ぐためには、どうすれば良いのか、具体例を提案していきます。

　本書で紹介する事例は、あくまでも私の知る範囲で出合ってきた「罠」であり、学校現場に潜む「罠」の一部に過ぎないでしょう。あるいは、すでに「罠」にはまらないように、時代に合わせて、学習指導要領に合わせて、子どもに合わせて教育活動を進めている教師はたくさんいるでしょう。

　本書では、意識して教育活動を進めていただくために、あえて「罠」という表現を使いました。教師の都合ではなく、目の前の子どもたちのために、もう一度これまでの指導を問い直し、子どもにとって最適な教育活動を進めていただきたいです。

著者　上條　大志

はじめに　003

CONTENTS

はじめに　002

第1章
教師が子どものつまずきを生み出さないために

01　子どもの学び方には個性がある ……………………………………… 010

02　教師が「子どものつまずき」を生み出している ……………… 014

03　「子どものつまずき」を生み出さないために ………………… 018

04　子どもを根拠にすることで「罠」をとりのぞく ……………… 022

05　「パラダイムシフト」で「罠」をとりのぞく ………………… 026

06　「見えない真実」に着目して「罠」をとりのぞく ………… 030

第2章
子どものつまずきを生み出す「罠」

01　「パラダイム」という罠 ………………………………… 040
　　国語　漢字の止め・はね・はらい指導と評価

02　「教師のこだわり」という罠 ………………………… 044
　　国語　漢字の筆順指導

03　「教師の都合」という罠 ………………………………… 048
　　国語　全員の前での発表

04 「教師の自己満足」という罠 ······ 052
算数 文章題の一斉音読

05 「教師の思い込み」という罠 ······ 056
算数 みんなできる！

06 「教師の感覚」という罠 ······ 060
社会 新聞づくりのみでの評価

07 「深める」という罠 ······ 064
社会 抽象表現で見えなくなる指導と評価

08 「学習活動の楽しさ」という罠 ······ 068
理科 実験

09 「教師の普通」という罠 ······ 072
図工 教師の価値観や経験の押しつけ

10 「平等なテスト」という罠 ······ 076
音楽 全員の前で歌うテスト

11 「体育の楽しさ」という罠 ······ 080
体育 得意な子だけが活躍する授業

12 「スポーツ」という罠 ······ 084
体育 指導事項そっちのけの競技

CONTENTS　005

13 「心情を追う」という罠 ………………………… 088
　道徳 指導すべき内容項目

14 「教師の体験」という罠 ………………………… 092
　外国語 トレーニングではなく，コミュニケーション

15 「学級遊び」という罠 …………………………… 096
　学級目標の達成

16 「ほめる」という罠 ……………………………… 100
　行動の価値づけ

17 「元気が良い挨拶」という罠 …………………… 104
　相手を思う気持ち

18 「学級リーダー」という罠 ……………………… 108
　学級ヒエラルキーの形成

19 「ルール」という罠 ……………………………… 112
　指導の押しつけ

20 「みんなのルール」という罠 …………………… 116
　きまりは，誰の何のためか

21 「そろえる」という罠 …………………………… 120
　そろわず，生まれる排除

22 「特別扱いしない」という罠 ································ 124
合理的配慮

23 「インクルーシブ教育」という罠 ···················· 128
共生社会

24 「学校」という罠 ·· 132
不登校

column 身につけておきたい教師のスキル ● ● ● ● ● ● ●
❶ 聞くスキル 034
❷ 感情のコントロールを教えるスキル 136

おわりに 140

第 **1** 章

教師が
子どものつまずきを
生み出さないために

01
子どもの学び方には個性がある

私の失敗体験

　私が受験勉強をしていた頃のことです。英語の点数がなかなか伸びず，とても苦労していました。特に，前置詞には悩まされました。

　例えば，「on」という前置詞があります。「on the desk」に用いられるように，「置く」というイメージがあるにもかかわらず，「on the wall」のように，「置く」というイメージにはつながらない用法もあります。規則性を見出せず納得できなかったので，覚えることが難しかったのかもしれません。

　前置詞は，文字数が少ないものばかりです。でも，空欄にどの前置詞を入れたら良いかわからず，間違えてしまうことが何度もありました。

　「とにかく書いて暗記しなさい」や「声に出して唱えるようにした方がいい」，「努力しかないのだ」など，たくさんのアドバイスをもらいましたが，なかなか改善されることがありませんでした。

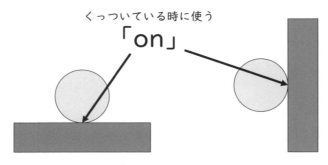

「on」の用法解説図

そんな時，イラストを用いながら，「くっついている時に使うのが『on』なのだよ」と教えてもらったことがありました。これまでのモヤモヤしていた頭の中が，一瞬にしてスッキリと晴れ渡りました。

今思えば，前置詞がもつ意味がはっきりとわからない状態で，とにかくテストに解答できるように暗記しようとしていたのかもしれません。もっと言えば，記憶するための方法として，「とにかく書く」や「声に出して読む」などの学習方法が自分に合っていなかったにもかかわらず，無理やりそれをしようと思っていたのでしょう。視覚化されたイメージ図を使ったり，根本的な意味を提示されたりする学習方法が私には合っていたのだと思います。

お伝えしたいのは，一人一人性格が違い，個性があるように，学び方にも個性があるということです。

子どもにも学び方の個性がある

子どもたちを担任していると，「○○先生がいい」などの声を聞くことがあります。詳しく聞くと，「授業が面白い」とか「授業がわかりやすい」などというのが理由だそうです。でも，違う子からは，「ちょっと授業がわかりづらい」と聞くこともあります。同じ教師にもかかわらず，子どもによって評価が全く違うのです。

この背景には，一人一人の子どもにとっての「わかりやすいが違う」ことがあると思います。同じ授業でも，ある子にとってはわかりやすく，ある子にとってはわかりづらい。教師の授業改善はもちろん必要ですが，そもそも学習者である子どもの学び方に個性があるということなのです。ですから，一斉指導を基本としている通常の学級の授業では，より多くの子どもたちがわかりやすいように展開される授業が，ユニバーサルデザイン（以下，UD）化された授業になるというわけです。もっと言えば，どんな手法を使った授業であっても，結果的に全員が「わかった」「できた」となれば，UD化された授業だったということになります。

第1章　教師が子どものつまずきを生み出さないために　011

逆に，どんなに良いとされる手法を使っても，どんなに有名な教師が授業をしても，結果的に子どもたちの中に「わからなかった」「できなかった」が生まれたならば，UD化された授業ではなかったということになります。
　つまり，授業づくりは，授業者である教師を主語として進めるのではなく，学習者である子どもが主語となるように，そして子どもの学び方に合った授業づくりを目指すようにしなければならないのです。

子どもの学び方の個性は，どう見取るのか

　上條[1-1]は，学級経営において，子どもを理解することの重要さに言及し，「ミカタをみがく」必要性について述べています。
　例えば，教室の中で子どものつまずきや教師が期待しない不適切な行動があったとします。これを「見えてる事実」とします。子どもがそうした行動をするには，必ず理由があります。あるいはその背景となる特性があります。直接的に見ることはできませんが，確実にそれらはあります。これを「見えない真実」とします。
　教師は，「見えてる事実」だけを見るのではなく，「見えない真実」も見ながら子どもを理解し，適切な指導や支援をしていかなければならないのです。
　「見えない真実」を見るために最も重要になってくるのが，特別支援教育の視点です。詳しいことは，第2章で事例を通してお伝えするようにします

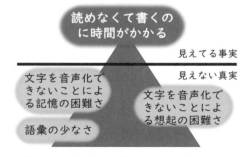

「見えてる事実」と「見えない真実」の例

が，特別支援教育の視点によって，教育の視点だけでは見えないものでも，心理・医療・福祉など多角的に子どもを見取ることで初めて見えてくるものがあるのです。

特別支援教育の視点から子どもの個性を見る

「見えない真実」について，もう少しイメージを持っていただくために，説明を加えたいと思います。

先ほど図で示した「見えてる事実」と「見えない真実」の例をもう一度見てください。「読めなくて書くのに時間がかかる」という「見えてる事実」があります。具体的には，黒板に書かれていることをノートに書き写すのに時間がかかるという場面としましょう。書き写すのに時間がかかる様子を詳しく見てみると，１文字ずつ，あるいは１画ずつ書き写しているという事実が見えてきます。

なぜこのような書き写し方をしているのでしょう。人は，頭の中で文字を読み上げ，音声化することによって理解したり，記憶したりしています。もしかすると，この子は黒板に書かれている内容を頭の中で読み上げることができなかったのではないかと推測できます。だから，意味を持たない記号として，黒板に書かれているものをただひたすら写していたのかもしれません。

そうであれば，教師が声に出しながら黒板に書いたり，黒板に書いた後に読み上げたりすれば，この子の支援になるはずです。子どもの苦手さを見極めて，そこを支援するようにしていきます。これこそが，「見えない真実」を見るということであり，本当の意味で支援するということなのです。

このように，子どもの学び方には個性があるということを前提に，授業づくりも学級集団づくりも進めていくことが重要なのです。

1-1　上條大志（2022）『つながりをつくる10のしかけ』東洋館出版社

02

教師が「子どものつまずき」を生み出している

なぜ子どものつまずきが生まれるのか

　子どもは，一生懸命学ぼうとします。教師も，一生懸命教えようとします。それなのに，なぜ子どものつまずきが生まれてしまうのでしょうか。

　それは，その「一生懸命」という言葉に理由があると考えます。先ほど述べたように，子どもには学び方の個性があります。しかし，教師にも学び方や教え方に個性があることを忘れてはいけません。教師がわかりやすいと考える教え方も，教師ごとに違いがあります。

　これらのことから，「教師のわかりやすい」と「子どものわかりやすい」は，必ずしも一致しないということが見えてきます。両者の「わかりやすい」が一致する場合には，問題なく良い授業が展開されるでしょう。逆に，両者の「わかりやすい」が一致しない場合には，ズレが生じます。そのズレは，両者が一生懸命になればなるほど，拡大していきます。

「『わかりやすい』のズレ」の背景にあるもの

　そもそも通常の学級における一斉指導は，子どもの学びを優先して設定されているものではないそうです。

　奈須[1-2]は，日本の近代学校教育のスタートについて，当時の時代背景から，近代国民国家早期樹立，富国強兵・殖産興業を推し進めるというお国事情があったことを指摘しています。当時は，安価で効率性を求めるため，1人の教師が一斉に80人の子どもに対して指導していくものだったそうです。つま

り，一斉指導の根拠は指導者側にあったということになります。

　令和の教育では，個が大切にされています。一人一人の子どものニーズを的確に捉え，個別最適な学びの実現が目指されています。しかしながら，教育システムは，一斉指導という形態を継続しています。つまり，学習者優先型の教育を目指しつつも，指導者優先型の教育システムがベースとなっているというズレが生じているのです。このズレこそが，子どものつまずきを生み出す要因となっているのです。

つまずきを生み出すズレ①〜教師の「普通」〜

　松岡[1-3]は，次のように述べています。

> 　総じて，現行の学校教育と親和性が高い人たちが教職を選び採用されてきたといえる。一方，日本全体の児童生徒はさまざまである。教員が社会全体の中で「ふつう」ではないことそのものが悪いわけではない。ただ，少なくない児童生徒は，社会経済的に恵まれない家庭出身で，保護者（親）が教師ではなく，中学3年生時点の学力（の自己評価）は低く，中学校でリーダーシップ経験を持たず，大学進学を希望せず，大学に進学しない。これらの経験を多くの教師が持っていないのも事実といえる。

　確かに教師の多くは，ある程度学校教育に適応し，つまずくことが少なかった人なのでしょう。もっと言うならば，一定程度学級の中でも活躍できる存在であった人が多いと言えるのではないでしょうか。

　教師の「普通」とは，あくまでも教師が辿ってきた人生において確認されたものだということを忘れてはいけないと思います。その教師の「普通」を基準に子どもたちにあてはめようとしても，そこには無理が生じてくるでしょう。その生じてくるものが，「ズレ」となって子どものつまずきを生み出

第1章　教師が子どものつまずきを生み出さないために　015

してしまうのです。

つまずきを生み出すズレ②〜教師の「パラダイム」〜

　少し違った視点から見てみます。多くの教師は，大学の教員養成課程において学級経営について学んできていません。教科教育法は学んでいても，子ども集団を組織したり動かしたりする方法については，学んできていない教師がとても多いです。それなのに，新採用の4月の始業式の日から，プロの教師として集団を動かしていかねばならないのです。

　学んでいないのに，やっていかねばならない。いくら初任者研修が設定されていても，学年の先輩教師がいたとしても，1人で学級を経営していかねばならないことがほとんどです。

　そうなった場合，何を拠り所として学級経営をしていくのでしょうか。それは，その教師の子ども時代のパラダイム（原体験）でしょう。教師は，自分が子ども時代に良かったことは，担任する目の前の子どもたちにとっても良いに違いないと思いがちになります。

　もちろんそれが良い方向に導いてくれることもあります。ただ，教師が子どもだった時代と比べると，子どもを取り巻く環境が違いますし，社会情勢も違います。そもそも教育の根拠となる学習指導要領の内容が変わっているはずです。教師は，パラダイムに大きく影響されていきます。パラダイムをあてはめることは悪ではありませんが，目の前の子どもたちにとって適切なものになっているのか見定めていかないと，子どものつまずきを生み出すことにつながってしまうのです。

つまずきを生み出すズレ③〜教師の「都合」〜

　通常の学級では，担任教師の裁量権は，かなり大きいです。それは，学級のルールや授業の際の約束，授業展開など，さまざまなことに対してです。

例えば，評価について考えてみましょう。通常の評価は，テストの得点だけでなく，授業中の思考や気づき，学習の深まりや変容など，明確な規準を設定して指導し評価していきます。

　その根拠としては，数値や文字で残るものもありますが，評価者である教師の主観に依存する部分もかなりあります。教師の主観については，明確で客観的な評価の基準が設定されているのが本来ですが，どうしても感情が入ってしまい，その基準がブレてしまうことがあります。そのブレにより，子どもの「できた」に影響が及んでしまうことも否めません。

　評価に関しては，提出物の問題もあります。もちろん提出物は大切なものですし，評価のための材料として良いものだと思います。

　ただ，国語の「思考力，判断力，表現力等」の評価を例に言うならば，「提出物を出さない」ということが「思考力，判断力，表現力等」の評価に影響してしまうのは，筋が通らないと言えるのではないでしょうか。これにより，子どもが受け取る評価に影響が出るのであれば，子ども自身は学習に対して意欲を失っていくでしょう。つまり，教師の言動や判断が，子どもの学習に対する評価段階でのつまずきをも生み出していることになるのです。

　このように，教師の「普通」という基準や「パラダイム」のあてはめ，そして子どもの事情を排除した教師の「都合」などにより，子どものつまずきを生み出してしまうことがあるのです。

1-2　奈須正裕（2021）『個別最適な学びと協働的な学び』東洋館出版社
1-3　松岡亮二（2022）「先生になる人の傾向に見る「教育格差」問題の盲点，現場に必要な教育社会学」東洋経済 education×ICT 〈https://toyokeizai.net/articles/-/641214　2024.5.13. 閲覧〉

第1章　教師が子どものつまずきを生み出さないために　017

03

「子どものつまずき」を
生み出さないために

「つまずき」と「つまずかせ」

　私の考えが伝わりやすいように，あえて「つまずき」と「つまずかせ」という言葉を使います。どちらも学習や学校生活に「子どもがつまずいている」という事実は変わりませんが，大きな違いがあります。

　「つまずき」とは，子ども自身につまずく要因があることを意味しています。本人の発達や特性，個性などがそれにあたります。もちろん，ここでは前提に学校生活という環境があります。学校生活で何らかの形でつまずいている子でも，家庭生活ではつまずきが見られないことも十分にあります。

　「つまずかせ」とは，子どもではなく教師に要因があり，子どもがつまずいていることを意味します。授業や学校行事など，学校独特の環境において，子どものつまずきが生まれてしまう状態です。本書のタイトルにもある「罠」は，こちらに強く関係しています。

「つまずかせ」は避けられる！！

　「つまずかせ」については，避けられるか否かではなく，避けなければなりません。なぜなら，子どもの「できる」「わかる」を阻んでしまうものだからです。特に，授業や学校生活などを展開している教師が「つまずかせ」の要因になっている場合があることを忘れてはいけません。

　例えば，教師にしかない基準がそれです。運動会では，表現運動に取り組む学校が多いでしょう。表現運動の練習に教師は熱くなります。でも，子ど

もたちは，なかなか動きを覚えられません。教師は，さらに熱くなり気持ちが高ぶって指導するようになります。子どもたちは，どう動いて良いのかわからない状況で練習をしています。そうして子どもたちは成功の可能性を見出せないまま，失敗経験を積み重ねていきます。

　そもそも子どもたちがわかるように動き方を教えなければいけません。その前に，もっとわかりやすい動き方，子どもたちに合った内容の指導になっているのか確認する必要もあるはずです。

　これらは，教師の準備不足や指導力不足であり，子どもたちには責任がありません。逆に言えば，子どもたちに合ったものを丁寧に準備し，子どもたちに合った指導ができるようにしておけば，子どもを「つまずかせ」ないで済むのです。「つまずかせ」は避けなければならないのです。

具体的な「つまずかせ」場面を回避する

　すでに述べたように，「つまずかせ」は避けなければなりません。もう少し具体的場面をあげながら，「つまずかせ」を回避するヒントを探していきます。結論から言うと，そこには，多くの「ズレ」が隠れています。

❶ 期待のズレ

　教師は，子どもたちの成長を願い，大きな期待を寄せます。しかし，この期待は，教師の一方的な思いの押しつけになっている場合もあります。期待度が高ければ高いほど，期待に応えられる子どもは減少し，できていないことを指摘されることで，子どもたちは自信をなくしてしまうでしょう。期待する理想の子ども像からの引き算的評価を受けるようになってしまいます。

　子どもを見て，その子に合った「のびしろの期待」をしていくことで，期待のズレを回避していきましょう。

第1章　教師が子どものつまずきを生み出さないために　019

❷ 平等のズレ

　「平等」は響きのいい言葉です。しかし，意味をしっかりと考えて使っていきたい言葉です。教育には，目的や目標があります。目標までの距離は，一人一人違います。ですから，「平等な」指導・支援をするのではなく，「平等になる（目標が達成される）ように」指導・支援されていくべきだと考えます。

　一人一人の子どもに合った平等になるように指導・支援をしていくことで，子どもを「つまずかせ」ることを回避していきます。

❸ 価値観のズレ

　昔は，気合いや根性，努力などの精神論が一部で美化されていました。例えば，部活の練習中，水分補給することは根性が足りないなどと言われていた時代があったと聞きます。しかし，その根拠はどこにあるのでしょうか。科学的に立証されていたのでしょうか。そして，現在は否定されています。

　各時代における価値観，地域ごとの価値観，一人一人の価値観など，それらのバランスを考えながら子どもたちとかかわることで，子どもたちを無意味に「つまずかせ」ることから回避できるでしょう。

❹ 興味・関心のズレ

　教師と子どもとでは，年齢や生活経験，生活サイクルなどのあらゆる点で違いがあります。当然，興味・関心にもズレがあるでしょう。興味・関心のズレがあると，考えを共有したり共感したりすることが難しくなることがあります。

　教師が面白いと思っていることでも，子どもはそう思っていないことがあります。興味・関心のズレは，子どもと教師の心や信頼のズレにまで発展する可能性があります。そのことを常に意識しておくことで，子どもの気持ちに寄り添う教師であり続けることができるでしょう。

❺ 課題のズレ

難易度が高すぎる課題を出すと，子どもたちは「できない自分」を責めるようになります。すると，挫折感を抱いたり，自尊感情の低下につながったりします。できないことを積み重ねていくわけですから，当然のことだと思います。子どもたちに課題を出す時には，「ちょっと頑張ればできそう」などと思えるような課題が適していると言われています。

子どもたちに合った課題を出すことで，成長につながる適度な負荷がかかり，「つまずかせ」る課題を避けることができます。

❻ 指導法のズレ

「課題のズレ」以外にも気をつけなければならないものがあります。それは，「指導法のズレ」です。たとえ課題が合っていても，指導法が子どもに合っていないと，学習成果をあげられません。子どもの学習スタイルや認知特性なども考えながら指導法を検討していくことで，より多くの子どもたちが学びやすい授業になり，「つまずかせ」ることを回避できます。いわゆる授業の UD 化の主な要素は，これになります。

「つまずき」は避けられない！？

結論から言えば，「つまずき」はほぼ避けられます。いわゆる授業の UD 化により，より多くの子どもたちのつまずきを避けることができるのです。

もし UD 化された授業でもつまずいている子がいた場合には，個別の配慮や個別の指導をしていくことで，さらに多くの子どもたちをつまずきから回避させることができます。

はじめに「"ほぼ"避けられる」と述べました。通常の学級での一斉指導では限界もあります。その時は，個別の場で本人の特性に特化した学習環境を提供できるようにしていきます。

第 1 章　教師が子どものつまずきを生み出さないために　021

04

子どもを根拠にすることで
「罠」をとりのぞく

改めて「罠」とは！？

先ほど，次のように述べました。

「つまずかせ」とは，子どもではなく教師に要因があり，子どもがつまずいていることを意味します。授業や学校行事など，学校独特の環境において，子どものつまずきが生まれてしまう状態です。本書のタイトルにもある「罠」は，こちらに強く関係しています。

教師が子どもを「つまずかせ」ているのです。ただ，教師は悪意があって「つまずかせ」ているわけでもなく，意図して「つまずかせ」ているわけでもありません。だから「罠」なのです。教師がかかってしまう「罠」なのです。ここでしっかりと定義しておくことにしましょう。

通常の学級に潜む「罠」とは，教育活動の中で，教師が意図せずして子どもを「つまずかせ」てしまう，教師がかかってしまうもの。

ここでポイントになるのが，「教師が意図せず」というところです。教師は，本来子どもたちを成長させることを目指します。子どもが困らないように，つまずかないようにと努めます。それを否定する教師はいないでしょう。それにもかかわらず，知らず知らずのうちに，本意ではなく子どもたちを「つまずかせ」てしまう。それに気づくこともない。だからこそ，この「罠」

にかからないようにしてもらいたいのです。教師のためにも，子どもたちのためにも。

救世主は子どもたち！？

では，教師がこの「罠」にかからないようにするためには，どうしたら良いのでしょうか。それは，子どもを根拠に教育活動をすることです。先ほども述べましたが，子どもに合っていない教育活動をすることで，教師が子どもを「つまずかせ」てしまうことがあります。

そうであるならば，子どもに合った教育活動をすることで，教師が子どもを「つまずかせ」ることがなくなるはずです。つまり，子どもに合った教育活動をすれば良いのです。子どもがつまずかない理由を教えてくれるのは，子どもです。しかし，子ども自身が自分のつまずきを把握することは難しいです。

では，誰が，どうやって子どものつまずきを把握するのでしょうか。それが教師の役割になります。教師が子どもを適切に理解し，指導事項とどのように出合わせ，教育活動を展開していく時に，どのようなつまずきが予測されるのか考えていくことが求められています。つまり確かな子ども理解です。このことは，学習指導要領解説総則編[1-4・1-5]にも言及されています。

学級経営を行う上で最も重要なことは学級の児童一人一人の実態を把握すること，すなわち確かな児童理解である。

小学校学習指導要領解説総則編

学級経営を行う上で最も重要なことは学級の生徒一人一人の実態を把握すること，すなわち確かな生徒理解である。

中学校学習指導要領解説総則編

第1章　教師が子どものつまずきを生み出さないために

教師の都合やパラダイムなどではなく，子どもを適切に理解し，子どもを根拠にした教育活動を展開していくことで，子どものつまずきは劇的に減少していくのです。

子どもとの対話でとりのぞく

　事前にどれだけ子どもを理解しようとしても，子どものすべてを理解することは難しいでしょう。教育活動を進めていくうちに，思いもよらぬ壁にぶつかることもあります。

　そうした時には，子どもに聞くのが一番です。なぜなら当の本人なのですから。子どもと積極的にコミュニケーションをとり，対話を通して子どもの考えや理解度を把握するようにします。子どもの視点を通して見直し，子どもの意見に耳を傾け，教育活動を子どもに合ったものになるように修正していくことで，「罠」をとりのぞいていくのです。

アセスメント力とフィードバック力でとりのぞく

　子どもを根拠に教育活動を進めていくには，アセスメント力とフィードバック力が必要です。

　まずアセスメント力について考えます。１人の子どもを理解するためには，たくさんのアプローチがあります。心理的アプローチとしては，心理的特性や課題，発達段階等を見取っていきます。一定条件や問題を発見するために行われるスクリーニング，学校生活等の場でリアルタイムに行われていく観察など，さまざまな方法があります。これらを駆使して，子どもに必要なものは何か，子どもたちと指導事項とをマッチングさせるための効果的な指導法を検討していきます。

　次にフィードバック力です。効果的な指導法をどんなに検討・実施しても，想定外のことが起きたり，期待通りの成果をあげられなかったりします。そ

うした結果や子どもの反応，他の教師からの評価，そして子ども自身からの評価など，さまざまな結果を受け取り，改善や修正，さらなる成長を図るためにフィードバックしていきます。

　これらの力を身につけることで，教師の独りよがりの教育活動（＝「罠」）を回避することになり，子どもに合った教育活動を展開していくことができるのです。

最も重要な「教師の柔軟性」

　最後に，最も重要で，すべての「罠」を回避するためのベースになるものをお伝えします。「教師の柔軟性」です。柔軟性がある教師は，子どもたちの多様なニーズや変化する状況を適切に捉えて対応することができます。より効果的な学習環境を構築するためにアップデートしていくことができます。

　多様な個性を持つ子どもたちの「その瞬間」に合わせて，授業内容や学習活動を調整したり，新しい学習ツールを取り入れ，子どもにとって最適な教育活動を展開したりします。それができる教師こそ，子どもを根拠に指導できる教師なのです。

　子どもを根拠に指導するためには，教師として子どもを理解する力や対話力，柔軟性などのスキルが必要になります。一人一人の子どもたちの特性を尊重し，適切な指導・支援をしていくことで，より効果的な学習環境を構築できるのです。

1-4　文部科学省（2017）『小学校学習指導要領解説総則編』
1-5　文部科学省（2017）『中学校学習指導要領解説総則編』

第1章　教師が子どものつまずきを生み出さないために　　025

05

「パラダイムシフト」で
「罠」をとりのぞく

　教師は，自分自身のパラダイムの影響を強く受けた指導をしてしまいがち
だと述べました。それが良い効果をもたらすこともありますが，よくない効
果をもたらすこともあります。なぜなら，社会情勢も子どもの実態も，教師
が子どもの時とは違うからです。良くない効果をもたらす場合，教師のパラ
ダイムから脱却し，目の前の子どもたちに合った教育活動を展開していかね
ばなりません。教師のパラダイムからの脱却，「パラダイムシフト」のポイ
ントについて述べていきます。

セルフチェックで「罠」をとりのぞく

　常に，自分自身の指導方法やアプローチを評価し，改善する部分がないか
どうか見つけようとし続けることが大切です。こうすることで，教師自身を
俯瞰し客観的に見ることになり，子どもと向き合う自分をセルフチェックし
ていくことができます。
　具体的なセルフチェックの方法としては，さまざまあるでしょう。特別な
ことをしなくても，通常の学校教育活動の中で行っていることを活用してい
くと良いです。
　例えば，学級の状態をアセスメントする取組です。ツールは違っても，学
級をアセスメントしたり，子どもの声を聞いたりするようなアンケートは，
各校で実施されていると思います。自分だけの視点から脱却し，子どもの声
を受け止められるようにしていくことを大切にしていきたいです。

視点の転換で「罠」をとりのぞく

　一昔前は，教師が指導者として，「何を教えるか」「どう教えるか」という視点が主流でした。現在は，「何を学ぶか」「どう学ぶか」といった学習者中心の視点に変わってきました。

　しかしながら，教師，特に小学校の学級担任は，１人で多くの時間をかけて学級を経営していきます。すると，次第に独りよがりで，自己中心的な学級経営をしてしまいがちになります。

　時には，子どもの視点や学習者の視点になることも，自己中心的な指導から脱却するためには重要になります。小さなことかもしれませんが，子どもの席に座って教室を見回すのも良いです。掲示物や黒板など，子どもの目線で見直すことで初めて気づくことがあるはずです。

　さまざまな研究会等に参加し，自分が学び手になることも重要です。45分の授業で話すことに慣れている教師は，聞く側に回った時に初めて気づくことがあるでしょう。資料の提示方法や授業や研修の展開方法について，学ぶ側だからこそ気づけることがあります。こうした気づきは，普段学び手として顔を合わせている子どもの気持ちを想像することを容易にしてくれます。教師の自己中心的な学級経営や授業設計からの脱却を可能にしてくれます。

アップデートで「罠」をとりのぞく

　ルールや制度を知らないと間違いを起こします。逆に，それらを知っていることで，間違った指導や支援をすることからは回避できます。ルールや制度は時代の変化に伴って変わっていきます。教育における常識や価値観のようなものも変化していきます。正しい教育を行うためには，古い教育からの脱却が必要な部分も出てきます。

　脱却が必要なものを知るには，学ぶしかありません。学び，新しい情報を得て，アップデートしていかねばなりません。最新の教育情報を得るために

第１章　教師が子どものつまずきを生み出さないために　　027

研修会や研究会へ積極的に参加して学び，実践に生かしていくようにします。最新の教育情報を「知らない」という状況では，どんなにもがいても過去から脱却することはできません。「知っている」という状況は，それを可能にします。たとえ過去から脱却できなくても，選択肢が増えることになりますし，子どもに合わせて選択できるようになります。

　いずれにせよ，パラダイムから脱却するためには，常にアップデートし続ける教師の姿勢が大切になってくるのです。

チームで「罠」をとりのぞく

　昔，「学級王国」という言葉をよく耳にしました。学級担任が王様のように自分の学級をコントロールする様子を批判的に表現したものだと思われます。学級という閉鎖的空間に，１人の影響力ある教師が存在することで，そのような状況に陥るのでしょう。その教師からすれば，気持ちよく学級経営ができるでしょうし，それを継続させたいと考えるでしょう。崩壊するよりも統制が取られている学級が支持されることも多いでしょう。昔は，学級王国に満足する教師がいたのも事実でしょう。

　しかし，教師のために学級があるわけではありません。子どもたちのためにあるのです。学級王国のすべてを否定するつもりはありませんが，問題に感じるのは，価値観や基準が限定的になり，多様なニーズへの対応が難しくなったり，その価値観に合わない子どもたちが排除されたりしてしまうところです。

　これらを避けるためには，学校という組織の強みを生かす必要があるでしょう。多くの教師が教育の目的を達成するために協働する組織が学校です。その組織の中では，自分の知識や視点だけに固執せず，他の教師の意見も尊重し，新たな情報や価値を受け入れる姿勢も大切にしていきたいです。そうすることで，自分だけの価値基準から脱却することができるでしょうし，多

様なニーズへの対応も可能になるでしょう。

　「チーム学校」という言葉があるように，今はチームとして教育活動を進めていく時代です。困難な課題が山積する教育現場においては，担任する教師が１人で背負わないようにすることも求められています。他の教師や専門家と連携し，協働的に教育環境を整えていくことになります。こうした意味でも，一教師の価値基準から脱却し，多様な価値を認めていくために「チーム」として子どもたちと向き合っていく必要があるのです。

　パラダイムシフトは，時間も努力も求められるものかもしれません。でも，目の前の子どもたちの成長と学習により良い影響を与えることができる重要なものだということを忘れないようにしたいものです。

第1章　教師が子どものつまずきを生み出さないために　　029

06

「見えない真実」に着目して
「罠」をとりのぞく

「見えない真実」とは？

　教師は，気になる子どもの気になるところを気にします。この気になるところというのは，目に見えているところです。例えば，暴言や暴力によって自分を表現する子や離席し教室を飛び出してしまう子など，目に見えて確認できる不適切な言動です。

　教師は，こうした不適切な言動に対して，それを改善できるように手立てをうっていきます。しかし，なかなか改善はしません。その理由は，改善を図るために講じる手立てが対処策になってしまっているからです。もちろんその視点も大切なのですが，なぜ子どもがそうした言動を選択したのか，その言動によりどのような結果がもたらされたのかなどを見る必要があります。

　不適切な言動などは，実際に目で見て確認できているので，「見えてる事実」とします。これに対し，そうした言動に至った理由や思いは，目で見て確認することができません。そこで「見えない真実」とします。この「見えない真実」に目を向けて手立てを講じることで，不適切な言動を事前に抑えることができます。さらに「見えない真実」を見ることになるので，その子の本当の気持ちや心の声を聞くことができます。子どもと接する際には，この「見えない真実」を見る力を高めていくことが，重要になってくるのです。

「見えない真実」を見るとは？

　では，どのようにして「見えない真実」を見ることができるのでしょうか。

結論から言えば，特別支援教育の視点を生かして見ていくということです。
　具体例をあげながら考えてみましょう。黒板に書かれた内容をノートに書き取る際に，どうしても他の子から遅れる子がいます。黒板に書かれた言葉を書き写す時に，言葉のまとまりを記憶して書くのではなく，1画ずつ，何度も黒板とノートに目を往復させながら書いている様子が見られます。
　「見えてる事実」でこの子を見るならば，「書き取るのが遅い」となります。遅いからといって，速くさせるための手立てを考え出すのは難しいでしょう。「速く書けるように声をかける」というのも，根本的解決にはならないです。これが「見えてる事実」だけ見ていてはいけないということです。
　では，「見えない真実」とは何なのでしょうか。例えば，読み書きが苦手な子の中には，文字を読みあげることが苦手で音声化することが苦手な子がいます。音声化することができないと，言葉を理解したり，記憶したり，思い出したりすることが難しくなります。もしかしたら語彙が少なく，黒板に書かれている言葉自体を知らないのかもしれません。

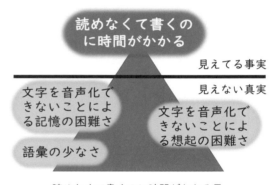

読めなくて書くのに時間がかかる子

　先ほどの例であげた子についても，黒板に書かれている文字や言葉を読むことができず，意味をつなげて理解することができなかったので，記号や図形として書き写そうとしていたため，何度も黒板とノートに目を往復させながら書いていたと推測することができます。
　それならば，どのような手立てを講じることができるのでしょうか。「見えない真実」として，文字を音声化できないという苦手さがあるのならば，音声化のサポートをすれば良いのです。黒板に書かれている言葉を読み上げ

たり，教師が声に出しながら黒板に書いていくなどが考えられます。
　「見えない真実」を見ることは，子どもに最適な支援をするために不可欠なものなのです。

「見えない真実」の見方を磨く

　いかがでしょうか。「見えない真実」を見る必要性を感じていただけたでしょうか。例としてあげたのは，「読み書きが苦手な子」でしたが，「見えない真実」を見ることは，多様な子どものニーズを捉えるために重要になります。その際には，心理学や医療，療育の視点などさまざまな視点を活用して見ていくようにすると，見方を広げたり深めたりして

特別支援教育の観点で「見えない真実」を見る！

磨くことができます。その子の心の声を聞き，その子の苦手さに本当の意味で寄り添えるように「見えない真実」の見方を磨いていきたいです。

「見えない真実」を見て子どもの心に寄り添う

　もう少し「見えない真実」の見方を確認しましょう。
　例えば，「たくさんの指示を聞いて覚えられない子」がいたとします。このタイプの子への支援には，とても苦労するのではないでしょうか。目立った問題行動として表れないので，「見えてる事実」として特徴的な言動が見えにくく，教室の中で見過ごされてしまうからです。さらに，「見えない真実」についても，「ちゃんと聞いていない」「自分に甘い」などと言われてしまいがちです。ですから，丁寧に「見えない真実」を見る必要があります。

「見えない真実」は，一人一人違い，決まったものがあるわけではありません。次の図では，3つの「見えない真実」を予測してみました。
　1つ目は，「注意集中のコントロールの苦手さ」です。注意集中のコントロールが苦手なので，話している人に注意を向け続けることができず，結果として話を聞けていないという状態が予想されます。
　2つ目は，「聴覚的短期記憶の弱さ」です。ワーキングメモリの弱さとして捉えていただくとイメージしやすいでしょうか。耳からの情報を一時的に記憶して考えたり理解したりすることの苦手さが背景にあると予想できます。
　3つ目は，「イメージ力の弱さ」です。言葉や話の内容は聞こえていても，それをイメージすることが苦手なタイプです。話の内容をイメージできないと，理解することが難しくなったり，過去の経験と結びつけることが難しくなったりします。1つの指示を理解しないうちに，次の指示が聞こえてくるので，結果的に覚えていられないという状況が予想できます。
　このように，「見えない真実」を見ることは，苦手さを特定することになります。苦手さが特定できれば，個別最適な支援を検討することにもつながってきますし，最短ルートになるのです。
　特別支援教育の視点は，教師が「見えない真実」を見ようとする時に，大きく貢献してくれるのです。

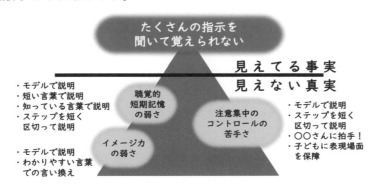

たくさんの指示を聞いて覚えられない子

第1章　教師が子どものつまずきを生み出さないために

❶ 聞くスキル

> **自分を表現することが得意ではない子どもたち**

　子どもは,「現在」を懸命に生きています。ですから,現在の自分を守るためか,自分がやってしまったことを素直に言えず,事実ではないことを話してしまうことがあります。過去の失敗や成功などの経験を振り返り,現在の自分につなげられれば,本当のことを言った方が良いのは明らかなのですが……。これとは逆に,事実でないことを言った時に,どのようなことが起こるのか予想したり,これからどんな自分になりたいのか考えられなかったりして,同じ失敗を繰り返してしまうことがあります。未来を見通したり,自ら未来を創造したりすることが難しいのだと思います。確かに,未来は経験したことがないので……。

　これらのことから,子どもたちは,「現在の自分」に一生懸命になりすぎて,「過去の自分」や「未来の自分」と,「現在の自分」とをつなげることが苦手だということはおわかりいただけるでしょう。

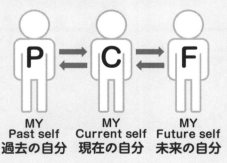

3つの自分

子どもに関わる大人は，子どもが発する声や本人すら気づいていない心の声を聞き，適切な方向へと導いていく必要があります。特に，子どもから話を聞いたり，悩みを相談されたりする時には，子どもが「現在の自分」と「過去の自分」，「現在の自分」と「未来の自分」とをつなげて物事を振り返られるようにしていくことがとても重要になってきます。

６つの聞くスキル

　子どもの話を聞く基本的方針は，「３つの自分」とつなげることですが，教師がその子の「３つの自分」とつながるには，一定のスキルが必要になります。それが「６つの聞くスキル」です。これについては，下の表にその内容とともに整理しましたので，ご確認ください。

６つの聞くスキル

聞くスキル	内　　容
① "掘って" 聞く	本人の話を聞きながら，本人も見えていない心の声を掘り起こし，本人も自身の心の声が聞こえるようにしながら聞くこと。
② "知って" 聞く	本人の話を聞く前に，どのような過去があったのか知って理解したり，これからどうなりたいのか知った上で話を聞くこと。
③ "盛って" 聞く	本人の話を聞きながら，途切れてしまいがちな子どもの注意集中をつなげたり，もっと話したくなるように子どもにとって心地良い反応をしたりしながら聞くこと。
④ "待って" 聞く	本人の話を聞く時に，なかなか自分の気持ちを言えなかったり，黙ってしまったりしても，子どもが話し出すのを焦らず待ってから聞くこと。
⑤ "添って" 聞く	本人の話を聞く時に，他者ではなく，本人なりの言い分やストーリーがあるので，そこに寄り添いながら話を聞くこと。
⑥ "寄って" 聞く	本人の話を聞く時に，本人が安心して話せるように，パーソナルスペースに入って，気持ちも寄せながら話を聞くこと。

column　身につけておきたい教師のスキル　　035

子どもの個性や特性，状況などによって聞き方は変えていく必要があると思います。何も考えずに話を聞くのと，何かしらの戦略をもって話を聞くのとでは，大きな違いがあります。その違いは，聞き方の違いだけではなく，子どもを理解したり，悩んでいる子どもを救ったりする上で大変効果的です。

　子どもにとっても，大きな影響があります。親身になって話を聞かれると，話したくなります。話すことは，自分の気持ちを言語化することにつながり，思考の整理をすることになります。思考が整理されると，自分がどうしたいのか，どうすべきなのかはっきり見えるようになり，これからの見通しが持てるようになります。

　話を聞くことは，教師が状況を把握するだけでなく，子どもにとっても大切なものなのです。

「聞くスキル」で，子どもの心の声を聞く

　では，具体的な例をあげながら聞くスキルについて，もう少し詳しく見ていきましょう。

　行動面で課題があるＡさん。ちょっかいを出したり，友達が嫌がることを言ったりします。友達から言い返されると，暴力でやり返そうとします。

　Ａさんの不適切な行動を抑えるには，教師との信頼関係が不可欠です。Ａさんからは，「先生は味方」と認識してもらう必要があります。そのためには，Ａさんの話を聞き，思いを掘り起こしていくスキル，つまり「"掘って"聞く」ことが大切です。

　Ａさんは，「現在の自分」の思いが溢れ出し，「未来の自分」を思い描くことが難しくなっている可能性があります。友達が嫌がる行動をとることで，友達からどう見られ，どのような関係になっていくのか見通せていない可能性があります。これに関しては，「未来の自分」とつなげるようにしていく必要があります。

　さらに言えば，「暴力でやり返そう」という様子から，過去に暴力によっ

て自分の思い通りに物事が運んだ経験があったことが予想できます。間違った形で「過去の自分」とつながってしまっているのです。これを適切な「過去の自分」とのつながり方に修正していく必要があります。

　「未来の自分」とつなげるためには，どのようになりたいのか，Ａさんの思いを掘って聞いていきます。すると「友達と遊びたい」という思いを聞き出すことができました。

　「過去の自分」とつなげるために，過去のＡさんの行動を掘り下げて聞いていきます。決して，過去を振り返り反省させるためではありません。あくまでも，Ａさんの思いを知るために掘り下げて聞いていくだけです。すると，過去のＡさんも「友達と遊びたい」という思いがあったことがわかってきました。

　Ａさんの思いを否定するものでは全くありません。Ａさんに肯定的，共感的に聞いていくことで，思いは正しくても，その表現方法が間違っていた，あるいは表現方法を知らなかったということもわかってきます。これによって，現在のＡさんが「過去の自分」とつながったことになります。

　あとは，教師がＡさんの協力者として，Ａさんの思いを果たしていくだけです。まず目指すところを共有します。例えば，「友達と楽しく遊ぶ」としましょう。次に，どうやったらＡさんの思いが達成できるのか話し合い，作戦を立てて実行していきます。

　作戦が上手くいった時には共に喜び，作戦の修正が必要であれば，次の作戦を一緒に考えて修正していきます。作戦を立てながら適切な行動を教える，まさにソーシャルスキルトレーニングが自然な形で成立していきます。こうした一つ一つの丁寧な対応が個別最適化であり，教師とＡさんとの協働からＡさんを友達とつなげることができました。

　"掘って"聞く」ことからスタートし，結果としてＡさんとの信頼関係が構築されていきました。子どもとつながるためには，このように愛情を持って接していくことが大切なのです。

第2章

子どもの
つまずきを生み出す
「罠」

01
「パラダイム」という罠
国語 漢字の止め・はね・はらい指導と評価

> 漢字指導をしている時，止め・はね・はらいを細かく見て×をつけてしまってはいませんか？　もしそうならば，「パラダイム」という罠にはまっています……。

つまずきケース①　漢字嫌いになっていく子どもたち

　漢字の学習は，小学校を代表する学習の1つだと言えるでしょう。なぜなら，全学年に学習する漢字が配当されており，すべての大人が小学校時代に経験してきた学習だからです。

　漢字の学習により，読んだり書いたりする幅が広がることで，自分を表現するスキルや収集する情報の量が増えていきます。これにより自分の世界が広がっていくので，学習すればするほど楽しくなっていくはずです。

　しかし，漢字の学習が嫌いな子が多くいるのも事実です。その理由は多々あるかと思いますが，教師の指導の仕方に問題がある場合があります。

　一番わかりやすい例が「止め・はね・はらい」等の指導です。漢字の字形やバランスなどは，丁寧に指導されるべきだと考えます。まだここでは子どもたちは漢字の学習を嫌いにはなっていません。この後から子どもはどんどん漢字が嫌いになり，苦手だと思い込むようになっていきます。

　まずは漢字練習です。目的を見出せないまま何度も書き続け，「止め」や「はね」，「はらい」など，1mmのずれも許されないくらいに厳しく指導が入ります。決して間違った指導をしているわけではないのですが，子どもにと

っては苦しいものです。

　さらに，漢字テストでのダメ押しです。わずかな止め・はね・はらいのズレが得点を下げます。得点と同じように，子どものやる気も低下させてしまいます。こうして，子どもを漢字嫌いにしていくのです。

教師がはまる「パラダイム」という罠

　「止め・はね・はらい」について，「厳しく評価していかねばならない」という根拠は，どこにもありません。小学校学習指導要領解説国語編[2-1]にも書かれていないのです。実際に，「2．内容の取扱いについての配慮事項」には，次のように書かれています。

　漢字の指導の際には，学習指導要領の「学年別漢字配当表」に示された漢字の字体を元に指導することを示している。「常用漢字表」（平成22年内閣告示）の「前書き」及び「常用漢字表の字体・字形に関する指針（報告）」（平成28年2月29日文化審議会国語分科会）においては，以下のような考え方が示されている。
・字体は骨組みであるため，ある一つの字体も，実際に書かれて具体的な字形となってあらわれたときには，その形は一定ではない。同じ文字として認識される範囲で，無数の形状を持ち得ることになる。
　児童の書く文字を評価する場合には，こうした考え方を参考にして，正しい字体であることを前提とした上で，柔軟に評価することが望ましい。

（下線は筆者加筆）

　「柔軟に評価することが望ましい」とまで書いてあるにもかかわらず，厳しい評価が行われてしまっているのです。本当に不思議な状況です。

　厳しい評価をする教師は，自分自身が学習者だった頃のパラダイムを教師になってからの指導にあてはめている可能性がとても高いです。

当時は，管理型の授業が展開されていたことでしょう。その中で厳しい指導や評価がされていたのは理解できます。

ただ，少し乱暴な言い方になりますが，指導や評価の根拠が学習指導要領ではなく，教師自身のパラダイムになってしまっているのは問題です。そうなると，評価の基準は教師の中にあるので，子どもには見えないものとなり，漢字の何をどこまで「丁寧」に書けばよいのかわからなくなってしまいます。その結果として，漢字の学習が嫌いな子にしてしまいます。

罠にはまらないために

こうした「パラダイム」という罠にはまらないためには，どうしたら良いのでしょうか。それは簡単です。学習指導要領を読むことです。教師は，学習指導要領に沿って指導していくことが決められています。定められているルールや制度をしっかり理解していれば，間違った指導をすることはなくなるでしょう。教師のパラダイムは参考にすることはあっても，根拠にしてはいけません。

学習指導要領は，およそ10年ごとに改訂されています。社会も変化し続けています。学校現場も子どもの実態も変化しています。教師は，常にその時々の「正しい」を学び続けていかねばならないのです。

具体的指導や支援

小学校学習指導要領解説には，「柔軟に評価することが望ましい」と記されていました。それはその通りですが，「丁寧に指導すること」は，否定されるものではありません。

では，どのような指導をすれば，子ども自身が主体的に漢字の学習に向かい，漢字も定着するのでしょうか。指導の一例をご紹介します。

まず，子どものつまずきを考えます。漢字の字形や細部を意識できない子

の中には，漢字を無意味な記号として覚えようとしている子がいます。そもそも人は，既有知識や経験にひもづけるようにした方が記憶しやすいと言われています。それができないことで漢字の学習が上手くいっていないことが予想できます。

　具体的な指導法を考えてみます。子どもの既有知識や経験にひもづけられれば記憶しやすいので，「止め・はね・はらい」などの記憶させたい部分を有意味なものにしていきます。

　例えば，「花」という漢字であれば，「イ（にんべん）」のはらいについては，「花びらを雨の雫が滑るように」とストーリーをつけます。「ヒ（さじ）」のはね部分では，「花の中にはトゲがあるものもあります」と，イメージしやすいエピソードを入れていきます。

　こうすることで，子どもたちも楽しく漢字の学習に取組むことができますし，実際に学習した漢字を書く際にも自分で記憶を辿り，意識しながら書くことができます。

2-1　文部科学省（2017）『小学校学習指導要領解説国語編』

第2章　子どものつまずきを生み出す「罠」

02
「教師のこだわり」という罠
国語 漢字の筆順指導

> 筆順指導は，文字を美しく正確に書くために大切です。しかし，あまりにも筆順にこだわりすぎていませんか？ もしそうならば「教師のこだわり」という罠にはまっています……。

つまずきケース② 漢字の筆順の迷路に迷い込む子どもたち

　筆順の指導は，丁寧な字を書けるようにするだけでなく，書きやすく書くことを身につける上でもとても重要です。長い文章を書いたり，相手が読みやすい文章を書いたりする際に生きてくるからです。

　しかし，重要だからこそ，教師は「教師のこだわり」を持って指導してしまいがちです。例えば，１画ずつ色を替えながら筆順の指導をしている場面をよく目にします。確かに１画目が赤，２画目が青など，色が決まっていれば，それをもとに子どもたちは筆順を覚えようとするでしょう。

　これが３画や５画の漢字であれば問題ないのですが，10画以上，あるいは20画以上の漢字においては，色を覚えることに精一杯になってしまう子どもが出てきます。「１画目は赤でしょ。10画目だから黄色だよね」といった具合に，筆順ではなく色探しという迷路に迷い込んでしまうのです。

教師がはまる「教師のこだわり」という罠

　この指導には，教師が筆順について「丁寧に指導したい」「一画ずつ確実

に子どもたちにわかってもらいたい」という強い思いが根底にあります。それが，「色分けするのが一番良い」という教師のこだわりや思い込みから生まれてくる指導なのです。

つまり，教師のこだわりによって行われている指導であり，学習者の学びやすさにこだわった指導ではないのです。教師は，「これなら分かりやすい」と自分が思う指導方法で授業を展開していく傾向が強いです。ただ，学習の主体は子どもたちですし，その子どもたちが学びにくいような指導方法や授業展開では本末転倒です。「教師のこだわり」という言葉ですが，教師が何にこだわるのかというのが重要になってくるのです。

罠にはまらないために

では，教師は何にこだわるべきなのでしょうか。それは子どもの「わかった」「できた」が生まれるような指導にこだわることです。先ほどの色分けの例ですが，手段として決して間違ったものではありませんが，一画一画色を替えることに難しさが出てきます。

例えば，色の見分けに困難さがある子ども，つまり色覚特性がある子にとっては，赤を見分けることが苦手だったり，緑を見分けることが苦手だったりします。こういった子については，筆順よりも色を見分けることで，もっと言うなら色を間違えないようにすることに意識が向いてしまい，筆順を覚えることができません。こだわるべきは子どものわかりやすさや学びやすさなのです。

具体的指導や支援

では，具体的にどのような指導や支援をしたら良いのでしょうか。さまざまな方法があると思いますし，色を使った筆順指導を否定するわけではありません。ですから，あえて色を使ったおすすめの指導方法をご紹介します。

第2章　子どものつまずきを生み出す「罠」　045

1画ずつ丁寧に筆順を指導することは大事なことですが，常に教師側から色を分けて提示し続けることは合理的ではないですし，子どもの学ぶ力を向上させることにつながりません。なぜなら受動的な学習者であり続けるからです。

　漢字は，いくつかのパーツが組み合わさってできていると捉えることができます。低学年のうちは，簡単な漢字を学習し，学年が上がるにつれて低学年で覚えた漢字を組み合わせながら，あるいは漢字の一部分を入れ替えながら学んでいくことになります。ですから，低学年のうちに筆順の基本を学び，学年が上がるに従ってパーツを組み合わせていくという視点を持って指導していくと良いでしょう。

　小学校2年生で学習する「線」という漢字があります。これは，いずれも1年生で学習する「糸」と「白」，「水」で構成されています。

　1年生で学習する際には，「水」という漢字であれば，次のページの図のように一画一画に色を割り当てて筆順指導をしていきます。一画目は赤，二画目は青，三画目は黄色，四画目は黒といった具合です。「白」や「糸」も同様に指導していきます。

　2年生になり，「線」という漢字を学習するとします。「線」は，十五画の漢字です。十五色用意することは難しいですし，それを一画ずつの色を覚えるのもあまり効率的ではありません。この場合に，「線」という漢字を「3つに色分けしたのだけれど，先生はどうやって分けたでしょうか」と，子どもたちに問います。すると子どもたちは，自ら漢字を分解して調べようとしますし，既習の漢字と結びつけていこうとします。結果として，「糸」「白」「水」に分解していきます。この段階で，分解した3つの部分を色分けしていきます。

　こうすることで，他の漢字も自分で分解・分析しながら学習する習慣が身につき，学ぶ力も身につけていくことができるのです。

　この他にも，さまざまな指導方法があると考えられます。それらの中から子どもたちに合ったものを採用していくことをおすすめします。あくまでも

教師のこだわりや教えやすさを押しつけないようにしたいものです。

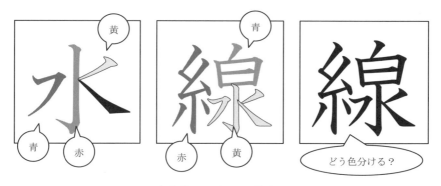

色を使ってパーツに分ける

＊この書き順付き文字スライドは，近藤武夫・中邑賢龍（東京大学先端科学技術研究センター）とマイクロソフト株式会社の共同研究により開発されたものを使用した。入手先は「PowerPoint 活用サイト」を参照。[2-2]

2-2　Microsoft「アクセシビリティ　小学校で学習する文字の PowerPoint スライド」
　　〈https://www.microsoft.com/ja-jp/enable/ppt/moji〉　2024.5.13. 閲覧〉

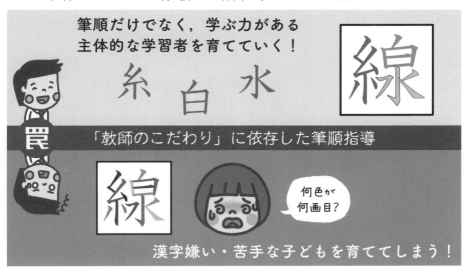

第2章　子どものつまずきを生み出す「罠」　　047

03
「教師の都合」という罠
国語 全員の前での発表

> 教室では，全員の前で発表するという学習活動場面が多くあります。「全員」でなければいけないと思っていませんか？ もしそうならば「教師の都合」という罠にはまっています……。

つまずきケース③　人前が苦手で発表ができない子どもたち

　教室の中で学習成果を発表する際，全員の前で発表できない子どもたちがいます。もちろん何を話したら良いのかわからない場合もあるでしょう。あるいは，話す内容が決まっていても発表できない場合もあるでしょう。

　全員の前で発表するということには，相手意識を持ったコミュニケーションスキルやプレゼンテーションスキルの向上に役立つという面があります。しかし，学習活動の中でそうしたスキルの向上をねらわない，全員の前での発表場面を多く目にします。相手意識を持って発表することをねらいとしているとしても，人数まで決められるということは少ないでしょう。

　数人の前であれば発表できる子が，学級全員の前では発表できない。そのようなこともあるでしょう。逆に，全員の前ならば発表できるという子もいるでしょう。それなのに，なぜ全員の前での発表に教師はこだわるのでしょうか。

教師がはまる「教師の都合」という罠

　当然，さまざまな理由が想定されますし，一概に全員の前で発表すること を否定するつもりはありません。ただ，「全員の前」ということに対して柔 軟に対応する余地があっても良いと考えます。

　通常の学級の担任をしていると，1人の教師が35人の子どもたちを指導し ていきます。1人の子の発表について評価する際，つきっきりで見ていると いうわけにはいきません。なぜなら他の子どもたちがいるからです。

　教師の中には，全員の前で発表させることにより，聞いている子も含め全 員を把握できると考えている教師もいるでしょう。これは，全員を把握して おかねばならないという教師の都合により，全員の前での発表場面を設定し ていると言うこともできます。子どもが安心して発表できるようにするため ではなく，教師の都合で設定している場になってしまっているという自覚を 持っておく必要があるのかもしれません。

　互いに評価し合ったり，互いの発表の良いところや課題について話し合っ たりすることで，発表スキルを身につけることができると主張する教師もい るでしょう。確かにそうです。でも，「全員の前でなければならない」とい うことにはならないのではないでしょうか。

罠にはまらないために

　「教師の都合」という罠にはまらないためには，まず指導のねらいを明確 にする必要があります。「人前で発表させる」というものでは不十分です。 なぜなら1人の相手に対して発表するのと20人の相手に対して発表するので は，相手意識の持ち方が違うからです。

　1人の相手であれば，相手の発言を受け止めたり，相手の表情を見ながら 会話や対話をするスキルを身につけたりすることがねらいとなるでしょう。 20人の相手であれば，基本的には発表者からの一方向的な発表になるかもし

れません。プレゼンテーション資料の準備や聞き手を意識しながら話したり，話す速さや声の大きさに気をつけたりするなどの発表スキルを身につけることがねらいとなっていくでしょう。

　学習指導には，必ずねらいがあります。そのねらいを達成する上で，全員の前での発表が必要か否かは適切に判断していくべきなのです。

　次に優先すべきは子どもの実態です。全員の前で発表することが得意な子もいれば，そうでない子もいます。特に場面緘黙の子などは，人前で話すことが苦手な子が多いので，全員の前で話すことは尚更高いハードルになるでしょう。

　相手意識を持って発表するということがねらいなのであれば，全員の前でなく，その子が安心して発表できる相手を選んだり，不安なく発表できる人数を相手として設定したりするなどの配慮が必要となります。

　そもそも「全員」という人数が決められているわけではありません。なぜなら，地域や学校規模によって学級人数に違いがあるのですから。教師は，もう少し柔軟に学習活動を展開していく必要があるのだと考えます。

具体的指導や支援

　では，具体的な指導や支援について考えてみます。先ほどと重なる部分がありますが，相手意識を持って発表することがねらいであれば，教室でなくても，別室で教師に対して発表するというやり方もあるでしょう。

　4〜5人のグループが良いのであれば，グループのメンバーを相手に発表するという方法もあるでしょう。学習のねらいから大きく外れないのであれば，発表形式はある程度選択できるようにしておきたいです。

　中には，立って発表することへの抵抗感が強い子もいます。座って発表するという選択肢があるだけでも，安心して発表することができるようになる場合もあります。

　最後に，最も良い支援方法を見つけるには，「本人に聞く」ことが大切で

す。どのような環境であれば発表できるのか，本人に聞き，調整し，設定していきます。最適な環境を一番知っているのは，本人以外にはいないでしょう。

「合理的配慮」は，「reasonable accommodation」であり，「accommodation」には「調整」という意味があります。本人の力が発揮できるような環境を調整していくことが求められているのです。

本人の意見が聞き出せないようであれば，仲の良い友達や保護者など，本人の思いを代弁してくれる人を通して，その子の最適を見つけていくことも大切になってきます。

04
「教師の自己満足」という罠
算数 文章題の一斉音読

> 算数授業では，問題文を黒板に書き，それを全員で一斉に音読します。それで子どもが問題文を理解したと思っていませんか？ もしそうならば「教師の自己満足」という罠にはまっています……。

つまずきケース④ 一斉音読後，もう一度読み直す子どもたち

　算数の授業で，教師が黒板に問題文を書きます。子どもたちは，その問題文を一生懸命ノートに写します。その後，教師からの指示により全員が一斉に問題文を音読します。「さあ問題を解いてみよう」という指示で，子どもたちはすぐに問題を解くのではなく，もう一度問題文を読み直します。

　教師は，一斉に読んでみようと指示を出しますが，この指示には，「問題場面を理解するように読んでみましょう」という思いが込められています。しかし，子どもたちは，一斉に読んだ後，もう一度問題文を読み直します。つまり問題場面を理解するための読みは，一斉音読ではなく，それぞれ個別に行っているということになります。

　そして，文章問題が苦手な子は，立式に悩み，時間が経過し，友達が説明する式や答えをノートに書き取るという作業をしていくのです。

教師がはまる「教師の自己満足」という罠

　このケースは，一斉に子どもたちが問題文を音読することで，問題文を理

解したと教師が勝手に思い込み，「立式まで導いた」と自己満足する場面だったということです。声に出して読むことはとても大切ですが，この場面での一斉音読の指示は，「大きな声で，みんなでそろえる」というところに子どもたちの意識が向いてしまい，問題場面を理解しようということにはなりません。

　教師は，学習活動一つ一つに，さらには子どもたちに出す指示一つ一つにどのような意図を込めているのか，明確に考えを持っていなければなりません。そうでないと，子どもたちの学習活動と教師が進めていく授業展開とにズレが生じていき，それが拡大していきます。授業の中でのズレだけでなく，教師と子どもの間に心のズレも出てしまいます。その結果，子どもを置いてきぼりにした「教師の自己満足」という罠にはまってしまうのです。

罠にはまらないために

　では，「教師の自己満足」という罠にはまらないためには，どうしたらいいのでしょうか。先ほども少し述べましたが，学習活動や一つ一つの指示，授業展開など，すべてに意図を持って行う必要があります。問題文を一斉音読することを否定するつもりはありません。しかし，そこにどんな教師の意図が込められているのでしょうか。実際に子どもたちにとっての一斉音読は，音読すること自体に意識が向いてしまい，問題文を理解することは難しいでしょう。でも読み方がわからない子にとっては，その問題文が音声化されることでどんな文章が書かれているのか把握することはできます。注意集中が難しい子にとってはどの問題に取り組んでいるのか確認することができます。そうした意味で，声に出して一斉音読するということも必要なのかもしれません。

　次のページの表をご覧ください。これは，文章問題を解く過程について熊谷・山本[2-3]を参考に筆者がまとめたものです。

　文章問題を解く過程は「問題理解過程」と「問題解決過程」の大きく2つ

第2章　子どものつまずきを生み出す「罠」　053

に分かれており，それぞれがさらに「変換過程」「統合過程」と「プランニング過程」「実行過程」に分かれています。そして，子ども自身は，①〜⑦の順で解法の過程を経ていきます。

　先ほどの一斉音読については，教師は①〜③までをねらっているのですが，実際多くの子どもたちは①のみで止まってしまっています。だから，②〜③を行うために，もう一度読み直すという行動をとっていたのです。

問題理解過程	変換過程	①読む
		②言い換える
	統合過程	③視覚化する
問題解決過程	プランニング過程	④仮説を立てる
		⑤予測する
	実行過程	⑥計算する
		⑦確認する

熊谷・山本[2-3]を参考に上條が作成

文章問題を解く過程

具体的指導や支援

　繰り返しになりますが，問題文を一斉音読することを否定しているわけではありません。教師の出す指示や授業展開に意図を持って行うということが重要なのです。

　例えば，上の表をもとに考えてみます。「①読む」のであれば，問題文を音声化するという明確なねらいを持って一斉音読するのも良いでしょう。

もし，「②言い換える」までねらっているならば，その問題文の場面を自分の知識と照らし合わせて別の言葉で表現したり，自分なりの言葉で説明したりする場面を設定するとよいでしょう。
　「③視覚化する」までねらうのであれば，問題文を絵や図などで表現する場面を設定します。問題場面を捉えられている子は，問題文に出てくる内容について的確に絵や図に表現することができるでしょう。それが難しい子への支援としては，問題場面を表す絵や図を教師が提示し，適切なものを選ぶトレーニングから始めていくのもよいでしょう。
　算数の文章問題では，これらまで含めて問題理解であり，「読む」ことなのです。教師の自己満足で終わることなく，子どもたちの実態や子どもたちの学びが根拠となるようにしていきたいですね。

2-3　熊谷恵子・山本ゆう（2018）『通常学級で役立つ算数障害の理解と指導法』学研プラス

第2章　子どものつまずきを生み出す「罠」　　055

05
「教師の思い込み」という罠
算数 みんなできる！

> かけ算の学習では、一生懸命九九を唱えたり歌ったりして覚えようとします。九九を唱えるテストだけで「できる」を評価していませんか？　もしそうならば「教師の思い込み」という罠にはまっています……。

つまずきケース⑤　九九をなかなか覚えられない

　小学校算数の代表的な学習に「かけ算」があります。かけ算は、日常生活の中でもたくさん活用する場面はありますし、わり算の基礎にもなる重要な学習内容です。

　日本は、伝統的にかけ算の学習の際、「かけ算九九」を用いて学ぶことが多いです。「1×1＝1（いんいちがいち）」「1×2＝2（いんにがに）」などのように、呪文のように唱えながら、1×1から9×9までを覚えるというものです。

　実際に、教室の中では九九を覚えられたかどうか、チェックカードを使っている場面をよく目にします。子どもたちが教師にチェックしてもらうために並んでいる様子は、微笑ましくもあります。容易に覚えられる子はどんどん合格し、次の段へ進んでいきます。

　その一方で、覚えるのが苦手な子は、何度挑戦してもなかなか合格できません。

右のグラフは，ベネッセ教育研究所[2-4]が小学生の計算力に関する実態調査の結果をまとめたものです。6の段，7の段，8の段で誤答率・無解答率が高くなっているのがわかります。

　さらに，右の表は誤答率が高かったかけ算と主な誤答内容についてまとめたものです。これを見ると「4（し）」や「7（しち）」，「8（はち）」などの似た音，似た読み方を含むかけ算の時に誤答していることがわかります。このように子どもたちのつまずきの傾向を見ることができます。

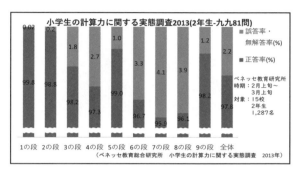

かけ算九九誤答率の比較

	問題	誤答率	主な誤答(人)		
1	6×8=48	9.8%	42(25)	72(5)	56(5)
2	8×6=48	9.1%	42(34)	46(4)	56(3)
3	7×6=42	7.5%	48(13)	24(6)	49(5)
4	7×4=28	6.4%	24(16)	32(8)	27(4)
			21(4)		
5	4×7=28	6.0%	24(13)	21(6)	32(4)

（ベネッセ教育総合研究所　小学生の計算力に関する実態調査　2013年）

誤答が多いかけ算

教師がはまる「教師の思い込み」という罠

　教師の多くは，かけ算九九を使って子どもの時にかけ算を比較的容易に覚えていったのでしょう。「この方法なら簡単」「九九を覚えれば，誰もがかけ算ができるようになる」などと信じて疑わないわけです。また，小学校2年生で学習するかけ算は，計算の基礎的なものでもあるので，「できて当然だろう」と捉えてしまいがちです。

　しかし，実際に覚えられない子たちがいます。それでも教師は，「きっとできるはずだから」と，何度も同じ方法でかけ算九九を唱えさせるようにし

ます。それが休み時間に合格を求めて並ぶ子どもたちの列に表れているのでしょう。この方法に合わない子たちは、何度も挑戦をしますが、なかなか覚えられず、次第に「自分はできない」「自分はダメなんだ」と自己肯定感を下げていきます。そもそも覚え方や学び方は、一人一人違うはずです。かけ算九九を唱えることは、確かに有効な手段なのかもしれません。しかし、その唱え方には、一工夫加えられるようにしていきたいです。

かけ算九九を唱えて覚えるということは、みんなできるという思い込みから子どもたちを傷つけることにつながってしまうので、気をつけていきたいことです。

罠にはまらないために

「教師の思い込み」という罠にはまらないためには、目的を見失わないことが大切です。日本の伝統的なかけ算九九をそのまま唱えられなくても、かけ算ができれば良いと捉えることも必要だと考えます。先ほど、かけ算九九の誤答傾向についてご紹介しました。「4（し）」や「7（しち）」、「8（はち）」などの似た音、似た読み方をするので間違いが多くなるのです。

右の図を見てください。人は「音」「記号」「意味」の3つがつながることで、理解したり記憶したり思い出したりします。点線で四角く囲んだ部分を見てください。かけ算九九を覚えられない子の中には、耳から入ってきた九九の音を、そのまま音として再生しようとしている子がいる可能性があります。つまり記号（式）や意味とつながらないまま、音の記憶だけを頼りに唱えようとするか

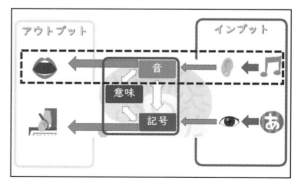

「音」「記号」「意味」の3つのつながり

ら覚えられないのです。子どものできない理由をしっかりと捉え，できるようにするための適切な手立てで支援していくようにします。

具体的指導や支援

　先ほど，人は「音」「記号」「意味」の3つがつながることで，理解したり記憶したり思い出したりするとお伝えしました。そして，かけ算九九を覚えられない要因の1つに「音」だけに頼り，「記号」や「意味」とつながっていない可能性にもふれました。そうであるならば，ここをつなげるような支援をすればよいのです。例えば，かけ算九九を唱える練習をする時には，「6×7＝□」などのカードをフラッシュカードのように使いながら練習するとよいでしょう。または，九九表を見ながら練習することもおすすめです。「意味」とつなげるために，ドット図のような量がわかるカードを見ながら九九を唱えたりするのも良いでしょう。

2-4　ベネッセ教育研究所（2013）『小学生の計算力に関する実態調査』

第2章　子どものつまずきを生み出す「罠」　　059

06
「教師の感覚」という罠
社会 新聞づくりのみでの評価

社会科では，学習成果を新聞にまとめることがあります。その新聞の仕上がりのみで評価しようとしていませんか？　もしそうならば「教師の感覚」という罠にはまっています……。

つまずきケース⑥　適切に評価されずやる気を失う子どもたち

　社会では，学習成果をまとめる際に，新聞づくりをすることがあります。学んだことを表現するために，言葉だけでなく，写真やグラフなどを用いるので，とても有効なものだと思います。実際に子どもたちは，これまでの学習経験をフル稼働させて，より良い新聞に仕上がるように頑張っていくでしょう。

　しかし，子どもたちの中には，社会科に関する知識・技能があり，思考力や判断力，表現力が高い子でも，字を書くことが苦手だったり，デザインを意識したまとめ方が得意でなかったりする子もいます。繰り返しますが，「社会科の能力が高くても」です。

　新聞をまとめるという活動の評価が，単元の評価になってしまうことにより，こうした社会科が得意な子の評価よりも，新聞づくりが上手な子の評価が高くなってしまう場合があります。

　これにより，適切に評価されない子どもたちは，学習に対してやる気を失っていきます。

教師がはまる「教師の感覚」という罠

　時々「この子は，上手にまとめられているから……」といって評価しようとする話を耳にします。詳しく聞くと，「丁寧に書いているから」や「絵が上手だから」，「デザインセンスがいいから」などの理由をあげられることがあります。これは，何に対する評価なのでしょうか？　少なくとも，社会科の学習評価とは言えないものです。

　この場合は，指導事項や評価規準を根拠としておらず，教科に関係のない「教師の感覚」という根拠のない評価になってしまっています。結果として，子どものやる気を削いでしまうことにもつながっていきます。

罠にはまらないために

　この罠にはまらないためには，指導事項をしっかり確認し，明確な評価規準を設定し，評価していくことが大切です。逆の言い方をすれば，指導事項や評価規準が明確になっていないから評価の基準が見えず，新聞づくりのスキルを見るしかなくなってしまっているということです。

　例えば，右の表を見てください。これは，小学校学習指導要領解説社会編[2-5]の「思考力，判断力，表現力等」に関する目標の学年比較を分析するために，下線や改行等を加筆したものです。

　こうしてみると，一目瞭然です。「思考力，判断力，表現力等」に関す

「思考力，判断力，表現力等」に関する目標　学年比較	
第3学年及び第4学年	第5学年及び第6学年
社会的事象の特色や相互の関連,	社会的事象の特色や相互の関連,
意味を考える力,	意味を多角的に考える力,
社会に見られる課題を把握して,	社会に見られる課題を把握して,
その解決に向けて社会への関わり方を選択・判断する力,	その解決に向けて社会への関わり方を選択・判断する力,
考えたことや選択・判断したことを	考えたことや選択・判断したことを
表現する力を養う。	説明したり，それらを基に議論したりする力を養う。

「思考力，判断力，表現力等」に関する目標　学年比較

る目標は，ほぼ同じです。その中に，特徴的なキーワードが記されています。

3・4年生では，「意味を考える力」と表記されているのに対し，5・6年生では，「意味を"多角的に"考える力」になっています。つまり，5・6年生の評価をする際には，新聞づくりを通して「多角的な視点」で考えられているかどうかを評価していく必要があるのです。

3・4年生と5・6年生では，「考えたことや選択・判断したこと」の部分は共通ですが，表現する力なのか，説明したり議論したりする力なのか，目指すべき養う力が違ってきます。

このように，もちろん授業づくりの根拠は，子どもであるべきですが，その前提には，学習指導要領で定められている指導事項があることを忘れてはいけません。少なくとも，授業づくりの根拠やその評価の根拠を「教師の感覚」に依存させてはいけないのです。

具体的指導や支援

先ほどは，新聞づくりを例に「罠」についてご説明しました。そこで，新聞づくりを柱に具体的指導のアイデアを考えたいと思います。

罠にかかってしまう教師は，「丁寧に書いているから」や「絵が上手だから」，「デザインセンスがいいから」などで評価していました。これは，強いて言うならば，書写や図工の視点です。手書き文字や絵という個人差が出やすいもので評価しています。もちろん，こうした個人差は大切です。私が言いたいのは，個人差を否定するのではなく，評価は明確な尺度で行うべきだということです。ですから，文字の丁寧さや絵の上手さで学習のスタートラインがそろわないことを避けるべきです。

最近では，1人1台の学習用端末があります。アプリケーションソフトを使って新聞やレポートを作成したり，プレゼンテーションソフトを使って自分の考えを説明したりすることで，軸がブレずに評価することができます。

また，ルーブリック評価も有効だと考えます。新聞やレポートを作成する

のであれば，事前に「資料の収集」「分析」などの評価の基準を確認し，さらに「収集した情報の正確さ」「分析の正確さ」「分析に基づいた考えの表現」などの評価の視点も明示しておきます。

　こうすることで，子どもにとっても，何を，どのようにすることを意識して新聞づくりをすれば良いのかわかります。教師も子どもと目指すべきところを共有しておくことによって，適切な支援をすることができますし，自信を持って評価することもできます。

2-5　文部科学省（2017）『小学校学習指導要領解説社会編』

07
「深める」という罠
社会 抽象表現で見えなくなる指導と評価

どの教科でも，学習を通して子どもの見方・考え方の深まりを目指します。結局何が深まったのか言語化できますか？ もしできないならば，「深める」という罠にはまっています……。

つまずきケース⑦ 何を学んだのかわからない子どもたち

　これまでの教育においては，明治5年の学制発布から国家に貢献できる人材育成を効率的に行うことが主とされていました。その時代の教育を受けた子どもたちが教師になり，原体験の伝達をベースに教育活動を行っていく。これを繰り返してきた結果，現代の教育において，根拠が見つからないような指導が残ってしまっています。

　昔は，社会の状況に合わせて必要な知識を詰め込んでいくというイメージが強かったのではないでしょうか。

　今，求められる資質・能力は，「何がわかったか，何ができるか＝知識・技能」，「わかること，できることをどう使うか＝思考力・判断力・表現力等」を土台に，学びを人生や社会生活に生かそうとしています。つまり社会の状況に合わせて必要な資質・能力を身につけられるようにしていくことが求められています。

　しかし，今の教育は，この両者が混在してしまっている部分があります。ですから，指導内容は子ども主体で能動的なものを大切にしているにもかかわらず，指導方法が受動的と言わざるを得ないものとなってしまっているの

です。このズレが，子どもが何を学んだのかわからないという状況を生み出してしまっています。

教師がはまる「深める」という罠

　そのような状況の中で，授業をする教師は，指導事項にある「深める」ことができるよう指導をしていきます。「深める」という言葉は，とても響きの良い言葉です。その一方で，「深める」という言葉の持つ抽象度の高さから，何となく授業ができた気になってしまっている現実もあります。何をどう深めるのかが明確にないまま教師が授業をし，何が身についたのか，どのような見方や考え方が深まったのか，子ども自身が実感できないような事態に陥ってしまうのです。

罠にはまらないために

　では，どうしたら「深める」という抽象的表現の罠にはまらないで済むのでしょうか。それは，「抽象的」という言葉がポイントになります。具体的な姿をイメージできないから，どう指導していくのかの方向性が見えません。子どもに対する評価を言語化できないから，適切に評価できません。こうした具体化，言語化できないことによって起こる罠なのです。
　そうであるならば，具体化，言語化すれば良いということになります。「深める」という言葉から，どういう視点で，どう変化があったならば「深まった」と言えるのか，言語化しておくのです。

具体的指導や支援

　では，「深める」という抽象的な表現をどのように具体化し，言語化していくのでしょうか。教科や単元等によって違いがあると思いますので，一例

ということで考えてみたいと思います。

　村田[2-6]は,「社会的な見方・考え方が『多面化』『多角化』『一般化』『具体化』することで,子どもたちは,社会的事象をより深い意味レベルで捉え,より豊かに社会的事象を見られるようになる。」と述べています。

社会的な見方・考え方の例

多面化	・地理的　＋　歴史的・関係的 ・歴史的　＋　地理的・関係的　など
多角化	・市　民　＋　行　政 ・消費者　＋　生産者　など
一般化	・県の農業　＋　日本の農業 ・農　業　＋　工業・水産業　など
具体化	・販売の工夫　＋　他の販売の工夫 ・協力関係　＋　他の協力関係　など

村田[2-6]　社会的な見方・考え方の成長とその例　より

　小学校5年生では,米づくりについて学習します。その中で「米づくり農家の思いや願いについて考えを深める」学習があります。

　これを多面化して深めるならば,地域による違いやこれまでの米づくりの歴史的観点から見ていくことになるでしょう。多角化して深めるならば,生産者だけでなく,消費者の視点や行政,組織などの視点から考えることになるでしょう。一般化して深めるならば,工業や水産業との共通点や相違点なども合わせて考えを形成していきます。このように,どのような観点で,どのような深まりを想定して授業を展開していくのか。それを実現するためのしかけや手立てはどうするのかなどを考えていくことが,授業づくりの工夫となります。

　小学校6年生では,歴史を学習します。各時代の生活の様子や政治の仕組みなどを学んでいきます。歴史好きの子は,すでにさまざまな知識を得た状態で学習に参加します。その中で,自分では気づけなった視点を得たり,前

後の時代との関連性を見出したり含めたりしていくことで、社会的な見方・考え方を深めていきます。

　このように、「深める」という響きが良く聞こえる言葉ですが、具体化し、言語化して授業者が捉え直すことで、子どもの学びを適切に見取ることができます。

　「社会科は覚えることばっかりで面白くない」という子どもの声を耳にします。これは、学びや学び合いの面白さを味わえていないがゆえのつぶやきだと思います。もし、子どもたちが「深める」ということの面白さを実感できたならば、きっと社会科好きの子どもが多く育っていくことでしょう。

2-6　村田辰明（2021）『テキストブック　授業のユニバーサルデザイン　社会』一般社団法人日本授業UD学会

08
「学習活動の楽しさ」という罠
理科 実験

理科の授業では，子どもたちが実験を楽しみにしています。これを理科の授業が上手くいっていると勘違いしてしまっていませんか？ もしそうならば「学習活動の楽しさ」という罠にはまっています……。

つまずきケース⑧　実験を楽しむ子どもたち

　小学生と共に学校生活を送っていると，「次の時間何だっけ？」「次は理科だよ」「やったぁ！　実験じゃん。早く理科室に行こう！」というようなやりとりを耳にします。きっと理科の授業が好きなのでしょう。
　実験場面では，実際に何かに触ったり，動かしたりします。小学校では競走させたり比べたりします。また，見えなかったものが，見えるようにもなります。子どもたちは，こうしたさまざまな変化を体験的に学んでいくことに楽しさを感じているのでしょう。

　やんちゃな子も，国語や算数では困った行動がよく見られても，理科の実験は楽しく取組み，困った行動が見られにくくなることもあります。学習の定着に困難さがある子も，見てわかる実験，触ってわかる実験を通して，その子なりの「わかった」「できた」を実感することができます。だから，どの子も「楽しい」となるのです。
　ただ，目標となる資質・能力の定着につながっているかは，別問題です。

教師がはまる「学習活動の楽しさ」という罠

　教師は，理科の実験を楽しむ子どもたちを見て，意欲的に学習に取組んでいることに安心します。安心するだけでなく，自分の授業が肯定的に捉えられていると思い，自信を持つようになるでしょう。

　子どもたちは，実験をすることの楽しさを感じている場合が多いです。嫌な言い方をすれば，他教科の退屈な座学から解放されて感じる嬉しさも，「やったぁ！　実験じゃん。早く理科室に行こう！」に含まれてしまっているかもしれません。つまり，子どもたちは「実験すること」そのものに意欲的になっているのです。

　教師は，「実験」という学習活動が持つ力に依存しすぎてしまい，子どもたちは，実験すること自体が学習の目的になってしまっているのです。本来は，目的があって，そのプロセスに実験があるはずです。そこを整理して捉えられていないと，教師は罠にはまっていくのです。

罠にはまらないために

　そもそも，理科においての実験のねらいはどこにあるのでしょうか。文部科学省[2-7]は，次のように述べています。

> 　理科学習において，「観察，実験」は極めて重要な活動です。観察，実験は，児童が目的を明確にもち，その結果を表やグラフなどに整理して考察することで，はじめて意図的，目的的な活動となり，意味や価値をもつものとなります。こうした観察，実験を充実するためには，教員の理科の指導力を向上させることが求められています。

　このことから，実験はただ取組む活動ではなく，「考察」により実験の意味や価値がもたらされるものだと言うことができます。

実験においての考察は，単なる実験の結果ではなく，その結果の背景にある科学的原理や理論の理解であり，それらを自分の言葉で表現する力を養うことにつながります。さらには，なぜそのような結果が得られたのかを深く掘り下げる思考のプロセスにもなるのです。

具体的指導や支援

　では，考察を大切にした実験とはどのようなものなのでしょうか。

❶ 予想や仮説を立てる

　実験の予想や仮説を立てることでその実験を自分事にすることができます。自分事にするということは，その実験の目的を理解し，その実験の結果を大切にすることにつながります。これは，実際に考察をする上で，とても大きな動機づけとなっていきます。

❷ 実験方法を検討する

　実験することだけの楽しさを求めてしまう子どもたちの多くは，教科書に出ている実験方法を教科書通りに実施していきます。それだと実験に対するワクワク感が生まれません。何を明らかにするための実験なのか，なぜその実験方法が採用されたのか，他の実験方法はないのか，実験の結果は予想や仮説とどのようにつなげて解釈していくのかなど，発達段階に応じて検討していきます。こうすることで，本当の意味での実験の楽しさにつながっていきます。

❸ 結果の収集と整理

　考察を大切にするためには，実験結果，つまり客観的データの整理がとても重要になります。また実験中の変化の様子を観察し，詳細に記録していくことで，より厚みを増した考察につながっていきます。実験結果は事実であ

り，考察は事実に基づいた解釈です。事実と解釈を明確に分けながら相手に伝えることは，説得力のある伝達力の育成に大きく貢献していきます。

❹ 結果の検討と議論

　実験においては自分の実験結果を記録していくことも大切ですが，学校は多くの仲間と共に学び，共に刺激し合って成長していく場でもあります。ですから，実験結果を友達や他の班と共有したり，結果に基づいた自身の考察を他者と交流したりし，共通点や相違点を含めて自分の実験結果を再度振り返ります。こうすることで自分の考察の幅が広がり，深みが増してきます。

　考察を大切にした実験を繰り返していくと，自然と子どもの思考は深まり，実験をすることの楽しさではなく，実験を通して考えることの楽しさを味わえるようになっていきます。

2-7　文部科学省（2001）「小学校理科の観察，実験の手引き」
　　〈https://www.mext.go.jp/a_menu/shotou/new-cs/senseiouen/1304651.htm　2024.5.13. 閲覧〉

09
「教師の普通」という罠
図工 教師の価値観や経験の押しつけ

図工の授業では，子どもの感性を引き出すような指導の工夫が求められます。ただ，指導に力が入るあまり，教師の価値観を押しつけていませんか？　もしそうならば「教師の普通」という罠にはまっています……。

つまずきケース⑨　自分の世界観を教師により否定される子どもたち

　図工の時間，低学年の子どもたちは想像力を働かせて好きな絵を描きます。「魔法の力を持つ木」を描こうとした子は，大きな幹を塗るのに黄色の絵の具を使いました。教師に見せると「木の幹は茶色だよ」と言われ，塗り直しを指示されました。茶色く塗ったその子は，また担任に見せに行きました。すると「茶色だけじゃなくて，濃い茶色とか黒い線とかを入れた方がいいよ」と助言されました。納得いかないような表情をしながらも，担任に言われたことなので，従うようにしました。

　結果的にその子が初めに描こうとしていた「魔法の力を持つ木」は，その子の作品ではなく，担任がイメージする作品になってしまいました。そればかりか，子どもから想像力を働かせて描く意欲も奪ってしまったのです。

教師がはまる「教師の普通」という罠

　この事例は，教師がイメージする木を表現するため，「教師の普通」を子どもに押しつけてしまっているところに問題があります。もっと子どものイ

メージを具現化できるような助言をしていかなければなりません。

こうした話をすると，「教師は指導しなくてはいけない」と言われることがあります。確かに，教師は「指導者」なので，指導することは必要です。しかし，ここでいう指導は，「教師の普通」を押しつけるのではなく，学習指導要領に基づいて指導するということです。教師は，「自分の生活経験や既有知識は，良いものである」と思い込んでしまうことがあるため，「子どもにとっても絶対に良いものだろう」と思い込んでしまうのです。

繰り返しになりますが，教師の指導は，学習指導要領に基づいて行われるべきものです。学習指導要領に基づき，子どもが自分の思いを表現できるようにするための指導をしていかねばならないのです。

罠にはまらないために

この罠にはまらないためには，やはり学習指導要領をもう一度確認することが大切です。この事例は，低学年のお子さんの事例なので，小学校学習指導要領解説図画工作編[2-8]をもう一度見直していきたいと思います。

小学校学習指導要領解説図画工作編には次のように記されています。

第1学年及び第2学年　「A表現」(1)イ
イ　絵や立体，工作に表す活動を通して，感じたこと，想像したことから，表したいことを見付けることや，<u>好きな形や色を選んだり，いろいろな形や色を考えたりしながら，どのように表すかについて考える</u>こと。
　　（中略）
好きな形や色を選んだり，いろいろな形や色を考えたりしながらとは，表したいことを表すために，<u>自分の好きな形や色を選んだり，試すようにいろいろな形や色を考えたりしながら，表現への思いを一層膨らませること</u>である。
（下線は筆者加筆）

第2章　子どものつまずきを生み出す「罠」　　073

ここに書かれているように，自分の好きな形を選び，試すように考えながら，表現への思いを膨らませていくことがねらいです。ここには2つの視点があると思います。1つ目は，思いつきで色を選ぶのではなく，他者と関わる中で，より自分の思いが表現できる色は何かを探求していくことです。2つ目は，表現自体に対する思いを膨らませ，表現することの楽しさを味わっていくということです。

学習指導要領解説の記述を見ると，教師の介入の仕方が見えてくるのではないでしょうか。教師が一方的に子どもに助言し，自分の考えを押しつけるのではなく，子どもの思いを引き出せるような言葉をかけたり，友達と語り合えるような学習環境を整えていきながら，表現することへの思いを膨らませていくことが求められているのです。

具体的指導や支援

実際にどのような具体的指導や支援があるのでしょうか。

1つ目は，子どもとよく語り，子どもの心の声を引き出すことです。子どもは絵を描く時に，自分なりの世界を頭の中に描きます。子どもが頭の中で何を見ているのか，どんなストーリーを描いているのかを同じ世界に入りながら引き出していきます。

そのために，子どもには何が見えるのか，どのような物語が展開されているのかなどについて，子どもと語り合いながら共有していきます。その上で，「では，この色かこの色はどう？」と複数提案していくようにします。教師の思いつきを押しつけるのではなく，いくつか選択肢を出すことによって，子どもは「これにする」と言いながら自己決定し，自分の世界観に一番近いものを選んでいきます。

2つ目は，関わり合い，学び合える学習環境を整えるということです。落ち着いて学習に取組めるように静かな環境で描くことを大切にすることがあるかもしれません。それも大切ですが，低学年の子は頭の中にあるイメージ

が霧の中にある子もいます。何となくは見えているけど，はっきりと見えていない子です。この子は，何をどう描いて良いのか悩みながら描くので，筆が止まってしまいます。

　そのような時は，近くにいる友達とそのイメージやストーリーについて語っていくことで，自分のイメージが霧が晴れるように鮮明に見えてくることがあります。ですから，ひたすら描く時間を取るのではなく，語り合えるような時間をつくることも重要な支援になります。

　最後に配慮すべきこともあります。子どもの思いや想像力，表現力を大切にすると言って，すべてを子どもに丸投げしないようにします。子どもたちの中には，色の見え方が他の子と異なる色覚特性がある子がいます。子どもが何をどう表現したいのか引き出し，適切な助言をしていくことも大切です。「○○と同じような色にしたいけど，どの色を使ったらいいですか？」や「どの色を混ぜたらあの色と同じになりますか？」などの質問があった場合には，色の選択の仕方を助言することも必要になってきます。

2-8　文部科学省（2017）『小学校学習指導要領解説図画工作編』

10

「平等なテスト」という罠

音楽 全員の前で歌うテスト

音楽では，全員の前で１人ずつ歌っていくテストがあります。この方法がテストの基本的形態だと思っていませんか？　もしそうならば「平等なテスト」という罠にはまっています……。

つまずきケース⑩　極度の緊張から学校を休む子どもたち

　音楽の授業においては，一人一人の歌や演奏の技能を評価するためにテストを行うことがあります。さまざまな形態でテストが行われますが，１人ずつ他の子どもたちの前で行われることが多いです。

　人前に出ることが苦手な子にとっては，話すことでさえ抵抗があるのに，歌うことなどかなりストレスになることでしょう。実際のテストの様子を見ていると，表情が強張り，小さな声で……。子どもによっては，極度のストレスから登校すら避けようとしてしまいます。

　歌うことを仕事にする，あるいは人前で歌うことが好きな子にとっては，大勢の前で歌うことは抵抗ないでしょうし，将来的に役立つことなのかもしれません。しかし，35人の学級であれば，どれだけの子がそのような将来を迎えるでしょうか。歌うことを趣味とする子がいたとしても，気の合う友人とカラオケに行って歌うことを楽しむといった程度でしょう。

　つまり，全員の前で１人ずつ歌のテストをする理由を，子どもたちの中に見つけることは難しいということです。

教師がはまる「平等なテスト」という罠

　では，なぜ教師は全員の前で１人ずつ歌や楽器の演奏のテストをしようとするのでしょうか。

　まず考えられるのは，「平等なテストをすべきだから」という理由です。同じ条件でテストをすることの平等性は確かにあるかもしれません。ただ，本人の力を最大限に発揮できるような条件をそろえる意味での平等性は，必ずしも保障されているとは言えないでしょう。例えば，タガログ語を全く話せない日本人が，「平等にテストをします」という理由ですべてタガログ語表記のテスト問題を提供されても，取組むことは難しいです。これを考えれば，この理由には無理があるのがわかります。

　「指導者が１人しかいない」というのも考えられる理由の１つです。個別で歌や楽器の演奏のテストをしようとするならば，その間に他の子どもたちは，何をしていて，誰が指導していれば良いのかという問題が指摘されます。確かに，解決が難しいところではあります。ただし，これは，指導者である教師側の都合であり，子どもたちにとっては全く関係のない理由となっています。指導者の都合が優先され，子どもの力が最大に発揮されないのは，本末転倒のように思います。

　このように，説得力ある理由は意外と出てこないのです。

罠にはまらないために

　このような状況に陥らないためには，何をどう評価するのかを明確にしておくことが必要です。評価が明確であれば，評価方法も工夫できるでしょうし，指導の段階からある程度の評価の準備ができるでしょう。大切なのは，評価のための評価にならないようにすることだと考えます。

　「そうは言っても……」と言われる場合もあると思いますので，いくつか具体例をあげながら評価方法のアイデアを考えていきます。

第２章　子どものつまずきを生み出す「罠」　　077

具体的指導や支援

　歌のテストは，さまざまに工夫されていると思います。学校や子どもたちの実態に合った最適なものを考えて取組んでいただければと思います。

　まず，「別室で1人ずつテストをする」ことが考えられます。当然，友達の前で歌うことが苦手な子にとっては，安心できるものです。学級に在籍する子どもの人数が少ない場合におすすめです。ただ，このテストの実施中は，指導者が別室にいることになりますので，他の子どもたちの学習活動について考えておく必要があります。

　次に，「グループで同時にテストをする」ことが考えられます。誰がどのように歌っているのか見えにくくなるので，1人だけ大勢の前で歌うプレッシャーから回避できます。しかし，誰がどのように歌っているのか見えにくくなるからこそ，評価もしづらくなるかもしれません。そういった場合は，発表者は教室の後ろで歌い，指導者はその近くで一人一人の歌声を聴くようにします。他の子どもたちは，前を向き，グループの歌声についての評価をし，真似したい歌い方などをワークシートに整理していくのも有効だと思います。

　「机間評価していく」ことも考えられます。「テスト」として時間を設定せず，毎時間少しずつ評価していく方法です。全員で歌う中，子どもたちの歌を聴いてまわり，「今日は○○さんまで」「次回は□□さんまで」などと計画的に評価していきます。

　最後に，「動画で提出する」というのも新しい方法として考えても良いのではないでしょうか。今は，1人1台の学習用端末が用意されています。別室（欠席の場合は家庭も）で，あるいは自分のタイミングで自分の歌声を動画で撮影し，指導者に提出します。こうすることで，子どもにとっては，誰にも聞かれず自分の力を発揮したものを評価対象にすることができます。指導者にとっては，じっくり何度も聴くことができるので，丁寧な評価をすることができるという利点があります。

さまざまなテストの工夫

　いずれにしても，評価の基準は一定であっても，評価方法はさまざまあり，子どもたちの実態に合ったものをしていく必要があるのです。

第2章　子どものつまずきを生み出す「罠」　　079

11

「体育の楽しさ」という罠

体育 得意な子だけが活躍する授業

体育の学習について，多くの子どもたちが「楽しい」と言うでしょう。これを本当の意味での「楽しい」だと思っていませんか？ もしそうならば「体育の楽しさ」という罠にはまっています……。

つまずきケース⑪ 体育が嫌いな子どもたち

　下のグラフは，学研教育総合研究所が「小学生白書 Web 版2019年8月調査」[2-9]の中で小学生の好きな教科・嫌いな教科について調査し，まとめたものです。
　ここで気になるのが，体育が好きな教科で3位，嫌いな教科でも3位にな

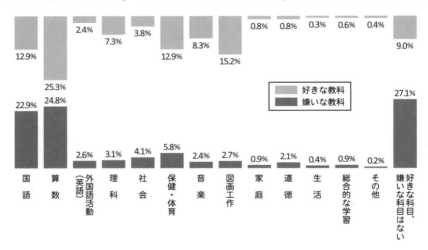

小学生の好きな教科・嫌いな教科（学研教育総合研究所「小学生白書2019」）

っている点です。好きだという子が多いことは多少予想できますが，嫌いだという子が意外に多いことに驚かされます。

　子どもが学ぶことを好きになるのは，それを楽しいと感じるようになってからです。楽しいと感じるためには，「できた」や「わかった」と子どもたちが出合う必要があります。でも，実際はどれだけの授業で，子どもの「できた」や「わかった」をつくり出すことができているでしょうか。

教師がはまる「体育の楽しさ」という罠

　教師は，「体育が楽しい」という子どもたちの，本当の意味での「楽しい」を間違えて捉えてしまうことがあります。教師は，子どもが「体育が楽しい」という言葉を素直に受け取って，「いい授業をしている」と思い込んでしまうことがあるということです。子どもたちの多くは，「体を動かすこと」「競争すること」自体が好きです。これは，「体育」というよりも，「遊び」の中で成立していることです。体育本来の学ぶ楽しさはどこにあるでしょうか。

罠にはまらないために

　子どもの「できた」「わかった」を生み出すには，子ども理解が必須です。そのためには，子どもの「できない」「わからない」を丁寧に把握する力が必要です。つまり「つまずき」の把握です。

　体育が専門の教師は，生徒指導の担当だったり，学級経営が上手だったりする印象があります。これは，体育では他の教科に比べて，「できない」「わから

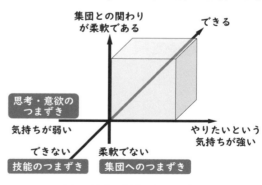

楽しい体育の授業づくりの位置

ない」が見えやすく，「できる」「わかる」に結びつけるためのステップが明確に設定されていることなどが要因と考えられます。

　前図の座標を見てください。体育の学習を想定した時の授業づくりの視点を座標軸にまとめたものです。縦軸には「技能」について，横軸には「思考・意欲」について，高さの軸には「集団との関わり」を設定しました。本当の意味で「体育の学習が楽しい」と言うには，授業の中でこの３つの視点それぞれがプラスになるような設計が必要となります。

　しかし，体育が嫌いな子は，この３つのすべて，あるいはどれかのつまずきがあります。体育の学習ではなく，「体を動かすこと」「競争すること」の楽しみを感じている子たちは，「技能」と「思考・意欲」に特化して一個人として運動を楽しむことに終始してしまい，「集団との関わり」につまずいていることに気づいていない場合があります。体育の学習では，生涯にわたって心身の健康を保持増進し，豊かなスポーツライフを実現することを目指しています。もちろん，運動自体は個人のものかもしれません。また，プロ選手になることを目指している体育の学習ではありません。生涯スポーツを楽しむ大人の多くは，仲間と共に運動の楽しさを共有したり，設定する目標に向かって協力し，努力を積み重ねたりしていきます。この中でも周囲との関係性はとても重要なものになっていきます。そうした意味でも，柔軟に集団と関われるような学びも積み重ねていく必要があるのです。

具体的指導や支援

　本当の意味で体育の学習を楽しむには，「技能」「思考・意欲」「集団との関わり」それぞれのつまずきに対するアプローチが必要です。ここでは，特に「集団との関わり」のつまずきに対するアプローチについて紹介します。

　基本となる考え方は，「個別最適な学び」と「協働的な学び」です。赤坂・上條[2-10]は，個別最適な学びを「I can の発見」，協働的な学びを「We can の体験」，両者を往還するような学級づくりをしていくことを「You can

の創造」と説明しています。

　これらを体育の授業づくりにあてはめます。その子の技能について高め，「できる」「わかる」と出合わせていき，「もっとできるようになりたい」という意欲につなげていくのが「I canの発見」。1人ではできないことも，協力したり教え合ったりすることで「できる」に変わっていき，協働の良さを経験していくのが「We canの体験」です。そして，この「We canの体験」こそが，「集団との関わり」を豊かにしていくものなのです。

　実際に体育の授業では，一緒に作戦を立てたり，個の動きが主となる運動であっても，お互いにアドバイスし合ったりしています。ここを充実させていくことで，他者の存在に価値を見出していくようになります。「I canの発見」と「We canの体験」を大切にすることで，本当の意味での体育授業の楽しさを実感することができるでしょう。

2-9　学研教育総合研究所『小学生白書 Web 版2019年8月調査』
　　〈https://www.gakken.jp/kyouikusouken/whitepaper/201908/chapter8/01.html　2024.5.13. 閲覧〉
2-10　赤坂真二・上條大志（2023）『個別最適な学び×協働的な学びを実現する学級経営365日のユニバーサルデザイン』明治図書

第2章　子どものつまずきを生み出す「罠」　　083

12
「スポーツ」という罠
体育 指導事項そっちのけの競技

体育の授業では，スポーツそのままのルールで実施しようとする場合があります。これが体育の基本的形態だと思っていませんか？ もしそうならば「スポーツ」という罠にはまっています……。

つまずきケース⑫ 「できない」を積み重ねる運動嫌いな子どもたち

　体育の時間にバスケットボールをし，ドリブルができず，すぐにボールを奪われてしまう子がいます。サッカーでは，どう動いて良いのかわからず，ボーッと立って時間を費やす子もいます。日頃からそれぞれのスポーツのルールを知り実際にやっている子ならば，どのように動いたら良いのかイメージができるでしょう。しかし，多くの子どもたちは競技としてそのスポーツをしたことがありません。また多くの子たちは，一部のスポーツはやっていても，幅広く他競技まで経験している子は少ないでしょう。

　本来なら楽しく体育の学習に取組み，スポーツを楽しめるような子どもたちにしていかなければならないのに，できないことを積み重ねていき，運動嫌いな子どもたちにしてしまっているのではないでしょうか。

教師がはまる「スポーツ」という罠

　先輩教師から，各スポーツにルールが設定されている理由について，次のような話を聞いたことがあります。

> スポーツをつくる時には，どうすればゲームが面白くなるのかを考え，その面白さを生み出すための制約をつくるためにルールが設定された。

　「なるほど」と思いました。例えば，サッカーを例に考えてみます。サッカーは，基本的に足を使ってボールを運び，得点を重ねることを楽しむスポーツです。ここでは，手を使ってボールを運ぶということに制約をかけたルールが設定されています。手を使えば簡単にボールを運べるかもしれませんが，足に限定することでゲームの面白さが生まれてきます。

　ラグビーはどうでしょうか。サッカーとは違い，手も足も使って良いルールが設定されています。でも，手を使う場合には前へボールを送ってはいけないことになっています。常に自分よりも後ろにいる仲間にボールを送ることが決められています。ある一定の運びにくさをつくることで，ゲームの面白さを生み出しているのです。このように，動きにくさをつくることで，スポーツの楽しさを生み出しているということなのです。

　学校教育における体育は，そのスポーツの楽しさを味わうという視点も大事ですが，運動が苦手な子がいることや授業の中では全員が同じ運動に取組むという基本的な前提条件があります。わざわざ動きにくさをつくり出しているスポーツに取組むことは，運動が苦手な子にとって，とても苦しいものです。つまりスポーツとして確立されているルールをそのまま用いることは，子どもたちの学びにくさを強化してしまうことにもなるのです。これが，スポーツを体育に取り込む上での罠なのです。

罠にはまらないために

　体育の授業は，柔軟にルールを考えていくべきだと思います。すべての子どもたちが学びやすく，取組みやすいルールを設定します。そして，ねらいに沿った学習活動をしていくべきです。すでに成立しているスポーツのルー

第2章　子どものつまずきを生み出す「罠」　　085

ルをそのまま採用するのではないということです。

　小学校学習指導要領解説体育編では，「ゴール型」や「ネット型」，「ベースボール型」など大きな枠組みとして提示されていますが，「サッカーをしましょう」や「バスケットボールをしましょう」，「野球をしましょう」などとは書かれていません。書かれているのは，例示程度です。

　ですから私たちは，ねらいに沿って，そして子どもたちの実態を見ながらルール等を柔軟に変更し，子どもたちの学びをコーディネートしていく必要があるのです。

具体的指導や支援

　「タグラグビー」を知っていますか。JAPAN RUGBY ウェブサイト[2-11]では，

> 　タグラグビーは，1990年代のはじめにイギリスのデボン州で生み出された新しい形のラグビーです。……（中略）……タグラグビーは，タックルをはじめとする身体の接触プレーを一切排除しているため，誰でも安全に楽しむことができるボールゲームです。

と説明しています。正式なラグビーのルールだと，激しい身体接触があるため，かなり危険な運動になります。学校教育の中で扱うには，とてもリスクがあります。しかし，運動自体の面白さはあるので，危険な部分をできるだけ排除して，その運動の楽しさを味わえるように開発された競技になります。このような考え方で，授業の中で扱う運動を選択していくと良いのではないでしょうか。

　スポーツはとても楽しいものです。見ていてもやっていても良いものだと思います。しかし，既有のスポーツの正式なルールをそのまま採用することは，体育の授業としては適さないこともあります。国語でも算数でも教師は工夫した教材を使って子どもたちのより良い学びにつながるようにしてき

ます。体育も同じです。ねらいと子どもの実態を総合的に判断し，教材として運動を工夫していきます。それが「スポーツ」という罠に陥らないために大事なことなのです。

　具体的指導については，さまざまなアイデアが開発され発信されています。清水・結城[2-12]は，体育授業をUD化するための10の方法を提案しています。こうしたアイデアを活用しながら，子どもたちに合ったオーダーメイドの体育授業を，子どもたちと共に創造していくようにしたいです。

2-11　JAPAN RUGBY タグラグビーオフィシャルウェブサイト
　　　〈https://www.tagrugby-japan.jp/〉 2024.5.13. 閲覧〉
2-12　清水由・結城光紀（2023）『教材に「しかけ」をつくる 体育授業10の方法』東洋館出版社

13
「心情を追う」という罠
道徳 指導すべき内容項目

> 道徳では，登場人物の心情を追いながら内容項目について考えを深めていくことがあります。心情を追うことが良い授業だと思っていませんか？ もしそうならば「心情を追う」という罠にはまっています……。

つまずきケース⑬ 道徳が嫌いな子

「道徳が嫌い」という子がいます。嫌いな理由について聞いてみると，「文が長いから」や「国語が嫌いだから」と答える子がいます。場面ごとに登場人物の心情を読み取り，登場人物の葛藤について話し合っていくスタイルの学習経験が豊富だったのでしょう。これも1つの授業のスタイルであるとは思いますが，結果的に子どもたちはその話の中で心情を想像しているに過ぎません。その話の中から抜け出せないので，これまでの自分の経験とつなげることが難しく，道徳としてどんなことを学んだのか，はっきりしないまま授業を終えていきます。この繰り返しによって，道徳が嫌いになってしまっているのではないでしょうか。

教師がはまる「心情を追う」という罠

心情を追いながら道徳の授業を展開していくやり方は，1つの方法ですので，これを否定するものではありません。気をつけたいのは，登場人物の心情の読み取り方を学んでいるのではないということです。

子どもたちにとって心情を読み取ることは，国語の学習で慣れているでしょう。教師にとってもスムーズに授業が流れているように感じてしまいます。しかし，登場人物の心情の読み取り方を学んでいくのは，国語の学習であり，道徳で扱う文章はそれぞれの内容項目について考えを深めていくための教材です。そこを意識的に教材研究していかねばなりません。

罠にはまらないために

　罠にはまらないためには，授業の準備をしっかりすることです。特に，どのような内容項目を扱う授業にするのかをしっかり考えることです。

　例えば，学習指導要領解説特別の教科道徳編[2-13]「主として人との関わりに関すること」の中の「親切，思いやり」の内容項目について授業するとします。これについては，各発達段階では下の表のように設定されています。

　例えば，小学校第１学年及び第２学年（以後，低学年）では「身近にいる人に温かい心で接し，親切にすること」となっているのに対し，小学校第３学年及び第４学年（以後，中学年）では「相手のことを思いやり，進んで親切にすること」となっています。

　低学年では，関わる対象を「身近にいる人」としているのに対し，中学年では「相手のこと」と記されており範囲が広くなっています。また，内容項目の中心である「親切にすること」の前の部分については，中学年で「進んで」という表現が加えられています。つまり中学年では，「さまざまな相手に対し，

B　主として人との関わりに関すること【親切，思いやり】	
小学校第１学年及び第２学年	身近にいる人に温かい心で接し，親切にすること。
小学校第３学年及び第４学年	相手のことを思いやり，進んで親切にすること。
小学校第５学年及び第６学年	誰に対しても思いやりの心をもち，相手の立場に立って親切にすること。
	日々の生活が家族や過去からの多くの人々の支え合いや助け合いで成り立っていることに感謝し，それに応えること。
中学校	思いやりの心をもって人と接するとともに，家族などの支えや多くの人々の善意により日々の生活や現在の自分があることに感謝し，進んでそれに応え，人間愛の精神を深めること。

第２章　子どものつまずきを生み出す「罠」　089

自ら進んで親切にすること」を特に目指していくと解釈ができます。

　このように，指導すべきことが何かを明確にすることで国語の読み取りと差別化を図り，何を教えるべきなのかはっきりと見えてくるのです。

具体的指導や支援

　では，道徳の授業づくりの流れについて，例をあげてみたいと思います。加藤[2-14]を参考に大きく4つの流れを考えました。

❶ 内容項目について考える

　まずは，授業においてどの内容項目を扱うか決めます。内容項目を決めたら，その学年で設定されている内容項目について丁寧に吟味していきます。

❷ 教材から得られる価値を捉える

　次に，教材から得られる「その教材特有の価値」を捉えます。もちろん頭の中では，先に触れた内容項目を柱としてしっかりと持っておきます。教科書を使わない自作教材文で授業することも考えられますが，ここでは教科書を使う場合を考えていきます。すでに教科書は内容項目について学びを深めるのに適しているものが掲載されているはずです。学ぶ子どもたち，そして指導する教師の視点からその教材文のどこに思考を深めるポイントがあるのか考えていきます。

❸ 主たる発問を考える

　内容項目，そして教材文の特徴を捉えた上で子どもたちが思考を深めるのに最も適した発問を考えます。あれこれ細かい発問を考えすぎると，子どもの思考に沿わなくなってしまう恐れがあります。主たる発問や問い返しの発問など，核になる部分を中心に準備するようにします。主たる発問を決めておけば，授業展開の中で子どもの予期せぬ発言があったとしても，軌道修正

できるようになります。

❹ 板書計画を立てる

　最後に板書計画を立てます。板書は子どもたちの思考の深まりを促せるよう，内容項目が視覚的にイメージできるようなものにしていきます。

　授業の中では話し合い活動が活発に行われます。これだけでは，言語情報だけのやり取りになり，子どもたちの頭の中でイメージしていることにはズレが生じてきます。そのズレを修正し，より多くの子どもたちの学びが深まるように視覚化していきます。

　以前，相手の気持ちを考えることが苦手な子が，視覚化された道徳の板書を見て「そういうことだったのか」「そうすれば良かったんだ」とつぶやいたことがあります。まさに板書の力が発揮された瞬間だったと思います。

2-13　文部科学省（2017）『小学校学習指導要領解説特別の教科道徳編』
2-14　加藤宣行（2018）『考え，議論する道徳に変える　発問＆板書の鉄則45』明治図書

14
「教師の体験」という罠
外国語 トレーニングではなく，コミュニケーション

外国語では，教員養成課程でその指導法を学んできていない教師が指導していることが多いです。何を拠り所に指導していますか？ もしかしたら「教師の体験」という罠にはまっているかもしれません……。

つまずきケース⑭　外国語の学習が嫌いになっていく子どもたち

　ALT（外国語指導助手）が主となって授業する時には，楽しそうに学んでいる子どもたち。でも，担任が指導する授業になると，急に意欲が低下してしまう子もいます。同じ外国語を学んでいるのに，どうしてこのように違うのでしょうか。

　その理由は，指導方針の違いです。ALTは，多少文法的に間違っているような会話であっても，それを認め，コミュニケーションを重視していきます。逆に担任が授業する際には，正しい文法で構文を板書したり，何度も読む練習をしたりします。正しさを重視し，まるでトレーニングしているかのような授業になってしまいます。

　こうしたことの積み重ねで，子どもたちのやる気を低下させてしまっているのです。

教師がはまる「教師の体験」という罠

　外国語の授業においては，そのほとんどが英語です。日本の英語教育は大

きく変わってきています。小学校5・6年生では教科化され，3・4年生で
は必修化されています。今，教師として英語の授業をしている方は，いわゆ
る昔の英語教育で学んだ方たちでしょう。昔は読むことや書くことから学習
がスタートし，それらを中心に受験のための英語と実際に使える英語とをあ
る程度分けて捉え，受験勉強のために学んできた経緯があるのではないでし
ょうか。

　一方，子どもたちが今学んでいる英語は，コミュニケーションする力の習
得に大きくシフトしています。つまり，話すこと，聞くこと，読むこと，書
くことの4つをバランスよく習得し，実際に使える英語が身につくことを目
指しています。

　つまり，大人が学んできた英語をそのまま教えようとすると，今求められ
ている子どもたちの学びとは，進んでいく方向がずれていってしまうのです。

罠にはまらないために

　「教師の体験」という罠にはまらないようにするためには，昔の体験から
脱却するしかありません。自分が学んだ学び方で教えるのではなく，今の教
え方を学び，今のねらいを理解した上で教えていかねばなりません。その際
のキーワードは「逆」です。

　例えば，昔の授業スタイルは，指導者の教授により学習者が受動的に学ん
でいくものが多かったように思います。受動的な学びの「逆」を考えていく
ので，能動的な学びが生まれる授業スタイルに変えていきます。

　もう1つは，自分事として学ぶことです。先ほど受験英語に言及しました。
受験するのは自分自身ではありますが，受験という変更が難しく，選択の余
地がないものを目標としていたのが昔でした。選択の余地がある中で，自分
の中に目標を設定したり，問題解決に向けた学習ができるようにしたりする
授業スタイルに変えていきます。

　「逆」という言葉は，かなりインパクトがあるかもしれません。しかし，

第2章　子どものつまずきを生み出す「罠」　093

そのぐらいのインパクトがないと教師は自分の体験から脱却することができないのです。

具体的指導や支援

そこで，具体的にどのような授業づくりをしていけば良いのか考えてみます。

❶ GBL（ゲーム・ベースド・ラーニング）

子どもたちの学習が定着していく上で大きなポイントとなるのが「楽しい」と思える授業です。逆に言うと，つまらない授業は子どもたちに学習の定着をもたらさないと言うことができます。

昔の英語教育は，その楽しさがあったでしょうか。もちろん指導者の力量にはよると思いますが，必死に単語や構文を暗記してテストに向かう。また新しい単語や構文を暗記しテストに向かう。この繰り返しをしていたのが実際のところだったのではないでしょうか。

仮に学習の目的が英単語を覚えることだったとします。同じ目的を達成するのであれば，ひたすら書いたり，ひたすら唱えたりするよりも，ゲームや競争を取り入れながら学んでいく方が，子どもたちは楽しく学ぶことができます。楽しさは子どもの覚醒を促し，学習に対して注意集中を高めていきます。結果として学習効果は高まっていきます。

例えば，Web サービス「Kahoot!」（Kahoot!）があります。先生が問題を作成して，子どもたちが自分の端末で回答していきます。実際に使ったことがある方はおわかりだと思いますが，子どもたちは熱狂し大盛り上がりで学習に取組んでいきます。

❷ PBL（プロジェクト・ベースド・ラーニング）

子どもたちが実際のプロジェクトに取組むことで，実用的な英語のスキル

を身につけていく学習方法です。例えば、「外国の方に日本のおすすめを紹介しよう」というプロジェクトが設定されたとします。もちろんプロジェクトのゴールは、発達段階によって設定を工夫していく必要があります。ただ、子どもたちが目的意識を持って学びに向かうことが重要です。さらには、それが実際に活用できる場面まで設定できるように工夫していくと、効果が増します。自分が学んでいる英語が実際に使えることを実感し、学ぶことの価値を見出せるようになるのです。

❸ CBL（カルチャー・ベースド・ラーニング）
　言語として学ぶだけでなく、英語圏の文化や社会にも焦点をあてていくことで、より有意味な刺激になり、記憶として定着しやすくなります。文学作品や映画、スポーツや音楽なども学んでいくことで自分事として英語を学んでいくことにつながります。

15
「学級遊び」という罠
学級目標の達成

学級の多くは，学級全員で遊ぶ時間を設定しているのではないでしょうか。この「学級遊び」をすることが目的になっていませんか？ もしそうならば「学級遊び」という罠にはまっています……。

つまずきケース⑮ 学級遊びが嫌いになっていく子どもたち

多くの学級で全員が遊ぶ「学級遊び」をしていると思います。学級遊びをすると子ども同士が仲良くなれるので，とても大事なものだと思います。

ある学級を担任した4月のことです。「学級遊びはやりたくない」という子が複数いました。理由を聞くと「喧嘩が起こるだけだから」と答えました。ルールを突然変えてしまう子がいたり，ドッジボールをして勝ったチームが負けたチームを煽るような言動をしたりしていたそうです。こうしたことを繰り返し体験していくことで，学級遊びに対する嫌な思い出がつくられていったようです。

教師がはまる「学級遊び」という罠

学級遊びで仲良く楽しそうに遊んでいる姿から，担任は学級経営が上手くいっていることに安心します。実は，これが危険なのです。

遊んでいるからと安心してしまうと，子どもと子どもがどのような関わりをしているのかを見逃してしまいます。教師に見せる態度と，子ども同士で

見せる態度を変える子どもの姿を見逃してしまいます。授業中はおとなしくても，遊びの時にはリーダーシップを発揮するような子の活躍の場を見逃してしまいます。ボール運動が苦手でも，学級の仲間を一生懸命応援する姿も見逃してしまいます。

　全員が関わる遊びは学級経営においてとても重要なものですが，見るべき子どもの姿を見逃してしまうことで子ども同士の関係性は悪くなり，結果的に学級が崩れていく原因となってしまいます。

罠にはまらないために

　この罠にはまらないためには，学級遊びの目的を明確にしておくことが大切です。そして，その目的を担任も学級の子どもたちも全員が共有しておくことが大事になってきます。

　では，学級遊びの目的とは何でしょうか？　私は，学級目標を達成するための１つの手段が学級遊びだと考えています。先ほど例に出した学級遊びが嫌いになってしまった子どもたちは，きっと学級遊びをすることが目的になっていたのでしょう。遊んでさえいれば良いと考えていたのでしょう。教師もそう思っていたのかもしれません。

　そうではなく，みんなで話し合って大切に決めた学級目標を達成するために，喜んだり悲しんだりしながら，そして課題にぶつかった時には話し合いを積み重ね，問題解決を図るために学級遊びを行います。全員で決めた共通の目標があるからこそ，話し合いが成立していくのです。

　このように，子どもたちには学級目標を達成するために学級遊びをしているという自覚を持たせること，教師自身はそれが実現できるようにコーディネートすることが罠にはまらないための重要なポイントなのです。

第2章　子どものつまずきを生み出す「罠」　　097

具体的指導や支援

　では，もう少し具体的に何をしたら良いのか考えてみます。

　まずは，学級目標を大切にすることです。学級開きの際に「どのような学級にしたいのか」を子どもたちとたっぷり話し合います。その上で，学級目標を設定していきます。学級目標の決め方は拙書『つながりをつくる10のしかけ』[2-15]や『個別最適な学び×協働的な学びを実現する学級経営365日のユニバーサルデザイン』[2-16]を参考にしていただければ幸いです。

　全員が納得し，全員の思いが詰まった学級目標であれば，子どもたちはそれを大切にしようとします。目標達成のために何をしたらいいのか，真剣に考えるようになります。その目標達成のための手立ての1つが学級遊びと捉えると，子どもたちは遊ぶことが目的でなく，自分たちの理想の学級をつくることが目的になっていきます。

　例えば，学級目標の中に「協力する」という言葉が入っているならば，学級遊びでは「協力」が生まれるような遊びやルールが提案されてくるでしょうし，遊んだ後も協力できたか否かを確認することができます。

　各学級では係活動を決めるでしょう。係活動は当番活動と明確に分けていく必要があります。当番活動は，誰かがやらなければならない仕事を分担したり，交代したりしながら取組んでいきます。係活動は，なくても良いけれど，あったら学級がより良い方向に進むものであり，その実現のためにつくられていくものです。そのより良い方向の先にあるのが，まさに学級目標です。学級目標を達成するために，あったら良いと考える係活動を決めると良いのです。

　これまでの経験から，遊び係というものがつくられる場合が多かったのではないでしょうか。もしかしたら，「遊び係だから必要だ」というように目的が明確にならないまま形骸化したものとして設定されてしまっていたかもしれません。遊び係は学級みんなの遊びを企画し，それを通して学級目標の達成を図っていきます。運動が得意な子が楽しめるような外遊びを企画した

り，運動は苦手だけれどダンスや手品が得意な子が活躍できるようなお楽しみ会を企画したりしていきます。企画することを通して，遊び係の子たちは学級の仲間の個性を大切にしようとしますし，その個性が生きるような遊びを企画していきます。結果的に学級目標にしっかりと近づいていくものになります。

　学級目標を達成することが目的であれば，その遊びの中のルールが変わっても困ることはないはずです。学級遊びにおけるルールは，状況に合わせて子どもたち自身が話し合い，変更していくことが許されます。なぜなら，みんなが楽しめるようにすればいいからです。こうした変更は勝手な変更ではなく，思いやりの変更であり，その思いやりは子どもたちの信頼関係を深め，学級集団としての力を育てていくことにつながります。

2-15　上條大志（2022）『つながりをつくる10のしかけ』東洋館出版社
2-16　赤坂真二・上條大志（2023）『個別最適な学び×協働的な学びを実現する学級経営365日のユニバーサルデザイン』明治図書

第2章　子どものつまずきを生み出す「罠」　　099

16
「ほめる」という罠
行動の価値づけ

大人が子どもと接する時には，「ほめることが大切」とよく言われます。もしかして「ほめれば良い」と思っていませんか？　もしそうならば「ほめる」という罠にはまっています……。

つまずきケース⑯　ほめられるために行動する子

　さまざまな研修や先輩教師からの助言などから，子どもたちをほめることの重要性について学ぶことがあると思います。実際，ほめることは良くないと思う人は少ないでしょうし，ほめる価値についても多くの方が賛同されることでしょう。

　ほめられた子は，ほめられた部分について，その行動を繰り返すようになります。その行動は良い行動とみなされるため，周りからは，さらに称賛されるでしょう。ほめることの教育効果は絶大です。

　しかしながら，ほめられることを目的に子どもが行動し始めるようにもなります。時には自分がほめられるために手段を選ばなくなってしまうことさえあります。

　例えば，友達が不適切な行動をしていたのを目撃したAさんは，教師にそれを訴えたとします。教師は「教えてくれてありがとう」と伝えます。Aさんにとっては，それがほめられたと感じるでしょう。すると，友達の不適切な行動を報告することは，ほめてもらえることであり，認めてもらえることだと思うようになります。そして，もっとほめられたいと思い，友達の不適

切な行動を報告してきます。自分がほめられるために，このような行動が出るとするならば，必ずしも良いこととして捉えられないでしょう。

教師がはまる「ほめる」という罠

「ほめる」という罠にはまってしまう要因は，ほめることの目的や意味，その機能を教師がよく考えていないということが推測されます。これは先輩教師やさまざまな研修などから「子どもをほめましょう」「ほめることが大切です」ということを学び，そこだけが記憶に残ることによって起きてしまっていることです。

また，教師は子どもをたくさんほめることに一生懸命になります。同時に毅然とした厳しい指導をできなくなってしまうこともあります。確かに，厳しい指導をするよりもほめた方が良いのは言うまでもありません。ただし，いじめなどに対しては，毅然とした指導が必要になります。そこのバランスが崩れないようにすることも大切です。本当に必要な時に，子どもたちに対して毅然とした厳しい指導をしたり，教師の思いを子どもたちに語ったりすることができなくなってしまうことも否めません。その挙げ句の果てが，学級が機能しなくなったり，学級崩壊へとつながったりするのです。

罠にはまらないために

では，「ほめる」という罠にはまらないためには，どうしたら良いのでしょうか。それは，ほめる目的を明確に持つことです。

ほめるということは，その子の人格を認めることになるでしょうし，同時にその子の行動を強化し繰り返すように促す機能があります。例えば，教師が同学年を組む同僚に気を利かせてプリントを印刷して渡したとします。すると同僚からは「ありがとうございます」と感謝されます。

この感謝は，ほめられたことと同等の意味を持ちます。そして，同じよう

第2章　子どものつまずきを生み出す「罠」　101

な場面があった時には，また気を利かせてプリントを印刷して渡そうと思う
ようになります。これが自分の行動が強化されたということです。また，気
を遣える自分を評価されたことになり，同僚との関係性はさらに良いものと
なるでしょう。

　このことを同僚の視点で見直してみましょう。プリントを印刷してくれた
気持ちに感謝することで，相手の存在を大切なものだと評価する意味から
「ありがとう」と伝えます。今回のことはとても助かることなので，また同
じような場面があった時には，同じように印刷してほしいという意味も「あ
りがとう」の中には詰まっています。

　つまり，プリントを印刷することが繰り返されるように，感謝を伝え，強
化されるようにもしているのです。ほめたり，感謝したりすることは，たく
さんの機能があるのです。

　先ほど例にあげた友達の不適切な行動を伝えてくる子を短絡的にほめると
いうことは，不適切な行動をしている子を報告することを強化してしまって
います。何のために子どもをほめるのか再考した方が良いでしょう。

　大きな目的としては，教育の目的である「人格の完成」でしょう。その視
点で見ると，不適切な友達の行動を報告するのではなく，適切な行動に気づ
かせるような言葉かけを評価することが大事なのではないでしょうか。友達
に適切な行動を教えてあげたり，適切な行動になるように手伝ったりしたこ
とをほめていくべきなのかもしれません。

　それが難しかったとしても，何かしてあげようと思ったけれども，できな
かったから教師のもとに相談に来たことをほめるようにしていきたいです。

具体的指導や支援

　では，ほめる時には具体的にどのようにすれば良いのでしょうか。ほめ方
には，たくさんの方法がありますし，ほめる子どもによって効果的なものが
違うでしょう。ここでは，私が子どもに対してほめる時に意識していること

をご紹介します。

まずは、「具体的行動をほめる」です。具体的行動をほめることで、その行動を強化することをねらいます。先ほど述べた部分と重なりますが、良い行動が他の場面でも出るようにしていくことで、その子がさまざまな他者と良いつながり方をしていきます。

次に、「過程をほめる」です。過程をほめることで、努力することを価値づけます。こうすることで、他の場所でも、他の相手でも、他の場面でも、応用を効かせて行動する力が身についていきます。

次が、「やろうと思ったこと自体をほめる」です。やろうと思ったこと自体をほめることで、挑戦することを価値づけます。人は、失敗や叱責されることを繰り返すことで、あきらめることを学んでいきます。すると、挑戦しようとは思わなくなっていきます。ですから、挑戦する気持ちを価値づけていくことが大切になります。

最後に、「ほめ方を変える」です。社会的自立に向けて、低学年から高学年へのほめ方を変えていきます。低学年は、価値づけるようにほめます。高学年は、他者に貢献していることを意識づけるようにほめます。

第2章 子どものつまずきを生み出す「罠」

17
「元気が良い挨拶」という罠
相手を思う気持ち

> 挨拶は，社会で生きていく中では，とても大切なものです。ただ，元気に挨拶することだけが良いものだと思っていませんか？ もしそうならば「元気が良い挨拶」という罠にはまっています……。

つまずきケース⑰　挨拶できない子どもたち

　挨拶は，相手との関係を築くものであり，社会的な習慣としても大切にされてきた万国共通のものでしょう。確かに，挨拶し合ううちに，お互いに信頼できる関係になっていきます。

　学校教育の中でも，挨拶は，特に重要視されるものです。「毎日元気良く挨拶しましょう」や「今日はお客さんが来るから，しっかり挨拶しましょう」と，子どもたちに呼びかける教師。「挨拶ができる子どもたちですね」と外部の方から言われると，嬉しくなるのが正直なところだと思います。

　「元気良く挨拶」や「しっかり挨拶」ができると，とても気持ちが良くなるのは事実です。しかし，言葉の裏を返せば，挨拶は「元気でなければならない」「しっかりしていなければならない」という価値観を子どもたちに押しつけてしまっていないでしょうか。そして，そのような挨拶ができる子が良い子で，できない子はダメな子となってしまってはいないでしょうか。

　子ども自身も，「挨拶が苦手な私は，ダメな子なのかもしれない」と自分を責めてしまってはいないでしょうか。

教師がはまる「元気が良い挨拶」という罠

　挨拶は，できないよりはできた方が良いでしょう。しかし，何をもって「挨拶ができた」とするのかが問題になります。

　元気な挨拶をすれば，その声が聞こえてきます。笑顔で挨拶すれば，挨拶していることを見て確認できます。たくさん挨拶していれば，人伝で知ることができます。実は，挨拶の手本とも言うべき「元気な挨拶」「笑顔で挨拶」「たくさん挨拶」は，いずれも教師が子どもの挨拶を確認できるものなのです。つまり教師が確認しやすい挨拶が，良い挨拶となってしまっているかもしれないのです。

　そうなれば，子どもたちは教師に伝わるような挨拶をし始めます。声の大きい子や表現力が豊かな子，行動的な子などが，「挨拶できる子」と称賛され，声が小さく，あまり自分を出せない控えめな子が「挨拶できない子」とされてしまいます。その結果として，挨拶はアピールになり，パフォーマンスとして形骸化していくのです。

罠にはまらないために

　罠にはまらないようにするためには，挨拶の本当の意味について子どもたちに教える必要があります。子どもたちに教えることを通して，教師自身も子どもたちと挨拶の意味を共有するのです。

　子どもたちには，まず挨拶の意味を教えます。これは，小学校１年生に限ったことではなく，毎年学級開きの際に教えていきます。なぜなら，挨拶の意味については，教師ごとに違いが出てくるからです。学級開きの際にこの違いをそろえ，学級担任として大切にしたい思いを共有していきます。そして，大切にしたい挨拶の意味は，「相手を大切に思う気持ちを込める」ということです。

　次に挨拶の仕方を教えることも重要です。どのような言葉を使って，どの

第２章　子どものつまずきを生み出す「罠」　　105

ような表情で，どのような場面で……。具体的に教えるからこそ，子どもの「できる」につなげられるのです。

　方法を教えるので，形骸化しないように，定期的に挨拶することの意味や方法について振り返ったり，モデルとなる子を紹介したりすることも忘れないようにしたいところです。また，挨拶の方法については，個性があって良いと思いますし，自分に合った挨拶の形だからこそ，形骸化を防ぐことにもなると思います。

具体的指導や支援

　挨拶の方法についてはさまざまあり，正解はありません。相手の立場や状況に合わせて，その方法は柔軟に変えなければなりません。教師の役割は，挨拶の意味や方法などについて，教えるべきことは教えることです。なぜなら，指導することは教師の責務だからです。

　確認しておきたいのは，その教え方です。次の図を参照いただきながら，その教え方のプロセスをご紹介します。

　子どもたちが自分の力でできるようになるには，その行為が自動化される必要があります。挨拶についても同じです。

　自動化には段階があります。まず「受動的達成段階」です。ここでは，具体的な方法を教えられます。

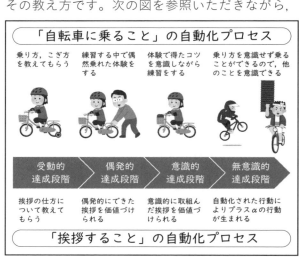

自動化のプロセス

次に教えられたことを繰り返すことで偶発的にできる「偶発的達成段階」です。ここでは，できたことを価値づけられることで，次の段階への動機づけになります。

　この次の段階が「意識的達成段階」です。本人が主体的，意識的にその行動をしようとする段階です。ここでも他者からの価値づけが行動を強化していきます。

　意識的に行動を繰り返すことによって，習慣化し，意識しなくてもその行動ができるようになります。これが「無意識的達成段階」です。自転車に乗ることを考えれば，初めは自転車をこぐことに意識を集中させていたのに，この段階ではこぐことではなく，荷物を運んだり，速く走ったりなど，こぐこと以外に意識を向けられるようになります。

　このように，挨拶も一定の段階を踏むことで「できる」ようになっていきます。ただし，先述している通り，挨拶の仕方には個性があって良いと思います。大切なのは挨拶の意味をしっかりと理解していることだということを忘れないように指導していきたいです。

第2章　子どものつまずきを生み出す「罠」　　107

18

「学級リーダー」という罠
学級ヒエラルキーの形成

リーダー的存在の子が学級を牽引することがあります。このリーダーをつくることが学級経営で重要なことだと思っていませんか？　もしそうならば「学級リーダー」という罠にはまっています……。

つまずきケース⑱　学級ヒエラルキーにより孤立する子どもたち

　ヒエラルキーという言葉を聞いたことはありますか。「階層」や「階級」などを表す言葉だそうです。集団が形成されれば，必ず立場が生まれます。
　例えば，最近子どもたちがよく使う言葉で「陰キャ」と「陽キャ」というものがあります。「陰キャ」は，穏やかで落ち着いており，内向的な人を意味するそうです。根が暗く，見た目が地味な場合に用いられたりもします。「陽キャ」は，明るく華やかな性格の人を意味するそうです。リーダー的立場の子どもやそのリーダーに協力し，ついていくタイプの子に用いられたりもします。
　これらは，複数で組織される集団においては，必ず生まれてくるものです。なぜなら集団の意思決定をする際に，全員がリーダーである，あるいは全員がリーダーに従うという立場はとれないからです。リーダーは，役割分担のうちの１つに過ぎません。もっと言えば，子どもたち一人一人の得意なことと苦手なことが違うので，活動ごとに役割は入れ替わっていくものです。これが常に固定的役割分担になってしまうことにより，子どもの間に上下関係が生まれたり，いじめのような構図ができ，孤立する子が出てきたりしてし

まうのです。

こうなってしまうと，学級として互いの成長を支え合えるような関係性が失われ，学級が機能しなくなってしまうのです。こうした適切でないつながり方によって，子どもたちは学校生活の中でつまずいてしまうのです。

教師がはまる「学級リーダー」という罠

ごく当たり前のようなことを述べました。それなら固定的人間関係にならないようにすれば良いのではないかと思われる方もいらっしゃるでしょう。

しかしながら，実際の学級を見ると，学級のリーダーは固定的になってしまうことが多いです。その背景には，担任教師の影響がとても大きいです。教師の学級経営スタイルと合う子や，頭の回転が早く教師の学級経営スタイルに合わせられる子などの発言力が高まり，学級経営上キーマンになっていくケースが極めて多いです。

この状況は，一見学級経営が円滑に進められているように見えます。しかし，気をつけなければいけない状況です。教師にとって，自分の学級経営を円滑に進めるのに貢献してくれる人材はとてもありがたい存在です。そこに頼る方が，教師としてはとても楽です。楽だからと言って，依存してしまうことで人間関係が固定的になり，固定的なヒエラルキーが形成されてしまうのです。

その結果，リーダー的立場の子が第二の教師になってしまうという現象が生まれます。そうなると，どのような活動場面でも常に一定の子が主導権を握り，他の子はそれに従っていくといった人間関係が構築されていきます。

罠にはまらないために

では，「学級リーダー」という罠にはまらないために，どうしたら良いのか考えていきます。繰り返しになりますが，固定的リーダーをつくることは，

第2章　子どものつまずきを生み出す「罠」　109

不適切な学級ヒエラルキーの形成につながってしまいます。

　ですから，固定的にならなければ良いわけです。活動によってリーダーとなる子や活躍する子が上手く入れ替わっていくことで，固定的になることを避けられます。そのために必要なことは何か。やはり「子ども理解」なのです。

　学校生活の中では，さまざまな活動や行事があります。もちろん授業もその中の１つです。物事を俯瞰的に捉え，全校を動かすことが得意な子は，児童会活動等で活躍することが期待されます。運動が得意な子であれば，運動会を通してその活躍を期待していくのが良いでしょう。音楽が得意な子がいれば，その子が活躍できるような発表場面をつくっていくことが大事だと思います。

　さらに言えば，それぞれ活躍した活動において，それが価値づけられるような振り返りの場も設定すると良いでしょう。以前担任をした学級では，行事ごとに集合写真を撮っていました。整列した記念写真ではなく，突然「写真撮るから集まって」と投げかけ，ゲリラ的に撮影する集合写真です。すると，その行事で活躍したリーダー的存在の子や満足できる活動ができた子は，自然と子どもたちの真ん中や前の方に写っていました。

　逆に，その行事で達成感を得られなかった子たちは集団の外側や少し離れたところで写っていました。１年間の集合写真を見比べてみると行事ごとに写る場所は入れ替わっていました。その学級では，大きないじめはなく，集団としては比較的安定したものでした。

　つまり，固定的リーダーを教師の都合で育てるのではなく，学級の子どもたちの，その子たちなりの活躍ができる場が用意されるように学級を経営していく必要があるということです。そのために，一人一人の個性を理解することが必要なのです。

具体的指導や支援

　大切なのは「子ども理解」ですが，一方的に教師が理解しようとすれば良いということではありません。例えば，子どもたちに学級の仲間の得意なことを聞くということも効果的です。子どもたちのことを一番よく知っているのは周りの子どもたちだからです。

　教師は引き継ぎやこれまでの経験等から，その子たちを理解しようと努めます。しかし，共に学校生活を送ってきた子，あるいは教師が見えない放課後の人間関係の中などから，子どもたちは一人一人の長所をよく知っています。だからこそ，子どもたちに仲間の良いところを教えてもらうような場面を設定します。友達から自分の良いところを紹介されると，その子はとても嬉しくなります。

　こうしたことで教師が子どもたちの良いところを知るだけではなく，子どもたち同士の関係性も良好なものにしていきます。

19

「ルール」という罠

指導の押しつけ

教室には，さまざまな学級独自のルールがあります。そのルールについて，子どもたちと意味を共有していますか？ もししていないならば「ルール」という罠にはまっています……。

つまずきケース⑲　ルールに振り回される子どもたち

　みなさんの学級には，独自のルールがありますか？ 子どもが発言する前に，「これから発表します」と言ってから発言する，あるいは発言の際は，「起立し，椅子をしまって……」といったルールなどです。
　規律を重んじたり，子どもたちをコントロールしたりしようという意図があるならば，それも必要なのかもしれません。ただ，子どもの学習に悪影響を及ぼすようなルールになっていませんか。

　ある小学校低学年の教室の様子です。すべての子どもが背筋を伸ばし，素晴らしい姿勢で授業が始まります。教師の問いに対して，多くの子が真っ直ぐ手をあげ，真剣に教師の方を見ています。指名されたAさんは，「はい」と凛々しい返事をし，起立します。椅子をしまい，周囲の友達を見渡します。そして「話してもいいですか」と問いかけます。周囲の友達は「はい」と元気良く返事をします。Aさんは，「では言います。……」「忘れてしまいました……」「他の人で言いたい人いますか……」
　言いたいことを忘れてしまったのです。言いたいことは，言いたくなった

時に言いたいのです。言うまでに，たくさんの手順を経ていないといけない，いわば儀式的な手順がたくさんあることで，本当に言いたいことを忘れてしまう。本来の学びの障害となってしまうことがあるのです。

教師がはまる「ルール」という罠

　ルールをしっかりつくろうとする教師は，子どもたちへの指導に対して，若干の不安を感じているのかもしれません。ルールなどをしっかり定着させ，教師の思い通りに動いてくれていれば，良い指導ができていると思い込んでいるのです。どちらかというと子どもたちをコントロールしようとしているのです。

　これは，自分のやっている指導が合っていることを確認したいがため，わかりやすい「ルール」という縛りを子どもたちに押しつけているのかもしれません。本来ルールは，教師のためにあるのではなく，子どもたちが安心・安全に学校生活を送れるようにするためにあるはずです。

罠にはまらないために

　考えてみてください。みなさんが研究会や職員会議で発言しようと思った時，子どもたちがやるように姿勢良く，手を真っ直ぐあげますか。指名されて，元気良く「はい」と返事をしますか。「これから話します」や「聞いてください」など，注目を集めるような言葉かけをしますか。

　大人になった時のことをもっとイメージして，そこにつながるようなルールにしていかねばなりません。教室だけで通用するようなルールは，他の場所で通用しません。そして，言いたいことを忘れたりせず，気持ち良く言えるような雰囲気の学級にしていかないと，子どもたちのリアルな学びにも，子どもたちの笑顔にもつながっていかないでしょう。

　教師のためのルールではなく，子どもたちのための，子どもたちの学びが

第2章　子どものつまずきを生み出す「罠」　113

より良いものになるようなルールづくりをしていきたいですね。

具体的指導や支援

　以前，子どもたちとルールや決まりについて話し合ったことがありました。その時は「みんなが安心・安全に生活していくために必要なもの」という結論に至りました。

　例えば，交通ルールは交通事故に遭わないようにするために定められていることなどが根拠とされました。この視点から言えば，暴言や暴力がある学級では，安心・安全が保障されません。だからルールが必要になってきます。少し強めのルールを設定することにより，秩序ある組織として安定を図っていくのです。逆に，安心・安全が確保されている集団においては，無理にルールをつくる必要がないという捉え方もできます。

　やはり，子ども同士がつながり，お互いを思い合える学級経営を目指すことが大前提となるでしょう。

　学級は，子どもたちの成長の場であり，子どもたちのためにあります。決して，教師の自己満足のためにあるわけではありません。そう考えるならば，どのようなルールがあったら良いのかを考え，決定していくのは，子どもたち自身であるべきです。「安心」の答えは，子どもたち自身が知っているものだからです。

　例えば，授業中に自分の発言を周りが聞いてくれないという不安があるとします。すると，聞き方のルールの必要性を子どもたちは感じるでしょう。

　そうなれば，話し手と聞き手のそれぞれの心構えや態度などについて話し合っていくべきです。その上で，何か共通のルールが必要であるならば，どのようなものにしていくのか話し合って決めていけば良いのです。「これから話します」と伝えてから話すという具体的ルールも良いでしょう。教師が具体的ルールを押しつけるのではなく，そのルールの必要性を子どもたちが

実感していれば，どのようなルールでも，子どもたちは大切にしようと考えるはずです。

　子どもたちは，教師が決めたルールを勝手に変えることはできません。この場合，ルールを身につけたとしても，儀式的に繰り返すだけになってしまうでしょう。つまり，形骸化していくということです。さらに言えば，教師が決めたルールは，守らなければならないものとなり，守らなかった場合には，互いに指摘し合う負の連鎖が起こります。
　逆に，子どもたちが決めたルールは合意形成のもとで適宜変更することができます。この合意形成の場を適時設けていくことで，成長していく自分たちに合ったルールがつくりあげられていくのです。

20

「みんなのルール」という罠
きまりは，誰の何のためか

学校生活では，学級や学年，学校のルールがあります。このルールは，誰のために，なぜ決められているのか説明できますか？ もし説明できないのであれば「みんなのルール」という罠にはまっています……。

つまずきケース⑳　ルールを守れず離席する子

　学校のルールには，さまざまなものがあります。子どもたちの中には，学校のルールを破り，不適切な行動をしてしまう子がいます。決められたルールを守ることは大切ですし，守れるように指導していくことも大切です。しかし，学校という環境がルールを守れない子を生み出してしまっている可能性があることにも教師は意識を向ける必要があると考えます。
　授業中のルールとして，「授業中は席を立たず，静かに座って話を聞く」というルールがあるとします。教師のパラダイムから考えれば，それほど違和感のないルールなのかもしれません。しかし，このルールを守れず，離席してしまう子がいます。45分間の授業をずっと座っているということが難しいお子さんです。「落ち着きがない子」や「多動な子」などとレッテルを貼られてしまいます。

教師がはまる「みんなのルール」という罠

　「学校のルールだから守らなければいけません」や「みんなのルールだか

ら破ってはいけません」などと言いながら，子どもたちに指導する場面を目にしたことがあるのではないでしょうか。そう言われた子どもを見ていると，指導を受け入れつつも，何とも納得できないような表情をしていることが多いです。

　教師にとっては，「ルール」は便利なものです。「ルール」という言葉を使えば，余計な説明を省けるでしょうし，指導に即効性があるので，つい頼りたくなってしまいます。「みんなの」という言葉を使えば，同一性を好む人間の習性を刺激して「他の子の目」を気にさせる効果があるので，不適切な行動を抑えることができます。

　教師は，力のある「みんなのルールだから」という言葉に頼りすぎてしまい，子どもの納得を軽視してしまっているのかもしれません。だから，子どもは納得がいかない表情をするのでしょう。

　これを繰り返していると，いずれ子どもと教師の信頼関係は崩れ，学級経営が上手くいかなくなってしまいます。

罠にはまらないために

　「みんなのルール」という罠にはまらないためには，常に子どもを主語にして考えることが大切です。時々，「みんなのルール」が「教師にとって都合の良いルール」になってしまっていることがあります。先ほど「子どもの納得を軽視してしまっている」と述べましたが，まさにそこです。

　子どもたちだって，足を骨折して松葉杖を使っている子がいることがわかっている場所では，走ったり暴れたりすることは少ないでしょう。それは，子ども自身がその状況を読んだり，自分なりに考えたりする力があるからです。つまり，子どもたちが自分なりに考えたり，納得したりできるようにすることが重要なのです。それには，教師都合の「みんなのルールだから」という言葉で簡単にまとめてはいけないのです。

第2章　子どものつまずきを生み出す「罠」　117

具体的指導や支援

　子どもを主語にして指導する場合，次の２つの視点が重要になってきます。
　まず，ルールを守るようにするためには，ルールを守る立場の子どもたちが，そのルールに納得することが必要です。
　すでにあるルールについて納得させるには，そのルールが設定された経緯や理由を丁寧に説明しなければなりません。子どもたちは，そのルールの意味を理解するからこそ，ルールを守ろうとします。

　これからルールをつくる時には，「見えてる事実」に意識が向くようにして，そのルールの必要性を見える化します。写真で見せても良いでしょうし，実際にその場に行っても良いでしょう。その上で，課題を確認し，その具体的改善方法について話し合い，子どもたち自身がルールをつくっていくようにします。定期的にそのルールが機能しているかチェックもしていきます。つまり，問題解決学習を実践していくのです。
　「見えてる事実」について子どもが納得することが難しい場合には，子どもの見えない部分を教師が見取り，策を講じる必要があります。
　先ほどの「ルールを守れず離席する子」について，見方を変えてみましょう。１つの見取り方として，45分という授業時間の設定がこの子に合っていないだけなのかもしれません。極端な話，もし授業時間がもっと短かったら，離席はないのかもしれません。
　そもそも子どもの集中力は45分続かないのではないでしょうか。週末の夕方に放送されている国民的アニメ番組は30分の枠で２話から３話の話が設定されています。Ｅテレで配信されている教育番組も10分または15分の長さで設定されています。つまり，子どもの集中力は10分や15分といった程度だと解釈することができます。
　そうであるならば，立って音読したり，友達と意見交流する際に立って移動したりすることが許され，45分の間に全員が離席するような学習活動が設

定されれば，この子は「不適切な離席」ではなく「適切な離席」をしているということになります。問題行動として捉えられることはないでしょう。

「ルールを守らない子がいる」と捉えるのではなく，ルールを守らないのか，ルールを守れないのかを見極める必要があります。また，ルールを守れないのであれば，どうしたら守りたくなるのか，あるいはそもそもそのルールが適切であるのかなど，教師がしっかりと精査する必要があるのだと考えます。

第2章 子どものつまずきを生み出す「罠」　　119

21

「そろえる」という罠
そろわず，生まれる排除

> 学校全体で何かをそろえようという声があがることがあります。子どもたちにとってわかりやすい，一貫した指導をねらったものだと思います。しかし，気をつけないと「そろえる」という罠にはまってしまいます……。

つまずきケース㉑　排除されていく子どもたち

　「持ち物をそろえる」「学校のルールをそろえる」「机の上の教科書の置き方をそろえる」など，あらゆるものをそろえようとすることがあります。メリットとしては，みんな同じなので，わかりやすさや指導のしやすさ，トラブルの回避などが考えられます。

　1つの学年に複数の学級が設置されている場合，学級ごとに指導がズレないように，また若い教師がその指導について説明責任を果たせるようになど，さまざまな理由で行われていることだと思います。

　しかし，教師がそろえようとすると同時に，そろえられない子が排除されていく可能性があることも受け入れなければなりません。

教師がはまる「そろえる」という罠

　そろえることで，教師は安心します。何かトラブルがあっても，自分だけの責任にならないからです。

　しかし，「そろえる」ということは，「そろっていない」を許さないことに

もなります。そろっていない場面を見かけたら，そろえるように指導することになります。そうでないと他の子どもが納得しません。「そろえる」ということが決められているので，「特別なのだよ」は通用しなくなります。そうなると，厳しい指導で「そろえる」を求めるようになります。

　子どもたちにとって，学びやすさはそれぞれ違います。教師の学びやすさと子どもの学びやすさも違います。使いやすい筆記具も，使いやすい教科書やノートの位置も，みんなそれぞれ違うはずです。

　ですから，何を，どのように，どこまでそろえるのか，よく考えていかねばならないのです。それを間違えると，子どもたちに過度の「そろえる」が定着し，違いを許さない雰囲気が学級の中に広がっていきます。結果として，違いがあることはいけないことだと，子どもたちが感じはじめ，自分らしさを表現しない，さらには，個性を排除しようとする学級になっていってしまいます。

　もう少し言うならば，近年配慮を要する子どもの数が増えているという指摘があります。もしかしたら，特別支援教育に関する知見が広がり，教師が未然にトラブルを防ごうと，「そろえる」という方法論に頼りすぎた結果，想定外の反応を示す子どもたちが出てきたと解釈できるのかもしれません。

罠にはまらないために

　教師は，そろえたがる傾向が強いです。これは，管理教育の名残であり，パラダイムから脱却できないことに起因しているのではないでしょうか。現在の学校のシステムは，もともと多くの子どもたちに対して，少ない教師が効率的に教えることを前提につくられていました。国の状況や保護者の考え方，子どもたちの実態など，過去と現在とでは大きく変わってきています。

　実際に，令和3年には，小学校の学級編制の標準が40人から35人に引き下げられました。もっと個に対応できる学級環境の必要性が認められたのでしょう。時代は個に対応する方向に舵をきっています。そのような中で，「そ

第2章　子どものつまずきを生み出す「罠」　　121

ろえる」ということは，何とも逆行しているように感じます。

　ただ，集団での学びを進めていることも事実ですので，「そろえる」ことの重要性も否定できません。問題なのは，「何をそろえるのか」だと思います。「そろえる」という罠にはまらないためには，この「何をそろえていくのか」がポイントになってきます。

具体的指導や支援

　大人も子どもも，一人一人個性があります。得意なことと苦手なことがあります。例えば，Ａさんの得意なことにそろえようとすると，それが苦手なＢさんは苦しくなります。ですから，具体的な方法や物理的なものなどをそろえようとするとそろえられない子が排除されてしまいます。

　そろえるべきは，目的や目標などのある程度抽象度が高いものが良いと考えます。その目的や目標に向けて，進む道や速さ，方法などは人それぞれで良いのです。

　もう少しイメージしていただけるように２つの言葉を用意しました。

　まずは，「Vision（ビジョン：未来の姿）をそろえる」です。学級には学級目標，学年には学年経営目標，学校には学校教育目標など，さまざまな目標があります。乱暴な言い方をすれば，それらの目標が達成されれば，方法はさまざまあって良いはずです。それにもかかわらず，方法をそろえようとするので，子どもたちはどこに向かったら良いのか迷い，目標を見失っていくのです。

　子どもたちに対しては，どのように成長すれば良いのか，どのような学級集団をつくっていけば良いのか，学校の中でどのような存在になれば良いのかなどの「Vision」をそろえて見えるようにします。そうすれば，それぞれ自分の得意なことで活躍しようとします。

　教師にとっても，子どもたちの未来の姿を教師間で共有することによって

指導方針が定まるので，教師の個性を発揮することにつながります。

次に，「Mission（ミッション：目的達成に必要な課題）をそろえる」です。目的や目標を共有できれば，何をすれば良いのかが見えてきます。これが「Mission」です。「Mission」については，そろえる部分とそろえなくても良い部分があります。

そろえる部分は，目的や目標，課題が何かです。さらに，その目標達成と課題解決のための具体的方針です。ここがそろえば，子どもたちは共に協力し合い，教師はその姿を価値づけていくことができます。

そろえなくても良い部分は，具体的な取組み方です。同じような取組み方をする子が出てくるかもしれませんが，それはそれで構いません。大切なのは，自分に合った取組み方を選べることです。自分の得意なことで活躍できれば，役割分担が生まれます。役割分担により協働が達成されていきます。何をそろえるのかによって，子どもたちの学びに大きな影響を及ぼすのです。

22
「特別扱いしない」という罠
合理的配慮

> 教室の中には，さまざまな配慮を要する子どもたちがいます。その中で「特別扱い」は良くないものだと思っていませんか？　もしそうならば「特別扱いしない」という罠にはまっています……。

つまずきケース㉒　能力を発揮できない子どもたち

　平成19年に特別支援教育が学校教育法に位置づけられました。それから20年近く経過し，特別支援教育に関する知識が学校現場にも広がってきたのは事実です。知識が広がり，支援に関して「わかる」ようになってはきましたが，支援が「できる」までには至っていないように感じます。むしろ，その「わかる」も知識としてはわかっているかもしれませんが，目の前の子どもを「わかる」には至っていないようにも思います。

> 「この子は，読字に困難があるから，国語ができないけど，算数はできるでしょ？」

　この言葉を聞いた時に衝撃を受けました。読字に困難がある子は，確かに国語で物語文の文章自体を読むことに難しさがあります。だからと言って，登場人物の気持ちを想像することもできないわけではありません。誰かに読み上げてもらうなどすれば，内容を理解できますし，気持ちを考えたり，想像を膨らませたりすることはできます。

逆に，算数については，確かに計算等はできるかもしれませんが，読字の困難さがあるので，文章問題の内容把握には難しさがあるかもしれません。

こうした本当の意味での「わかる」が進んでいない状況においては，子どもが自分の能力を最大限に発揮させるようなことは難しくなるでしょう。

教師がはまる「特別扱いしない」という罠

未だに聞こえてくる「特別扱いしない」という言葉。「個別最適な学び」の重要性や「合理的配慮」の必要性が言われているにもかかわらず，そういった言葉が聞こえてくるのです。

この背景には，教師がトップダウン的に子どもを管理しようとする教育の名残があったり，成績に関する客観性の確保などがあったりすると考えられます。トップダウン的に子どもを管理する上では，特例や特別をつくらない方が管理しやすくなります。成績に客観性を確保するためには，同じ方法で評価する方が教師の責任が問われずに済むと思っているのかもしれません。

いずれにしても，「特別扱いしない」という言葉には，「教師の都合で」という言葉が隠れているのかもしれません。

罠にはまらないために

「特別扱いしない」という罠にはまらないためには，もっと子どもを主体に考えていくべきです。こうしたことを述べると，不公平や不平等になってしまうという訴えがあるでしょう。それは違います。平等で同じ教育を提供するのではなく，人格の完成という教育目標が平等に達成されるように教育していくのです。ですから，教育目標が達成されない方が不公平であり，不平等なのです。

先ほど述べた「教師がトップダウン的に子どもを管理しようとする教育」に関して言えば，教師の都合に合わせて管理しようとする時点で罠にかかっ

ています。ですから，主体を子どもにするべきなのです。「子どもに教育目標が達成されるようにボトムアップ的にマネジメントしていく」と捉えられれば，自ずと良い意味での「特別扱い」が必要となるでしょう。そして，ボトムアップ的に見ているので，全員に「特別扱い」が必要だということも容易にわかるはずです。もちろん全員への「特別扱い」は同じものではなく，一人一人のニーズに合わせたものでなければなりません。これこそが，個別最適な学びの提供なのです。

「成績に関する客観性の確保」に関しては，評価方法をそろえるのではなく，到達点に対する子どもの状況を評価するという視点をそろえるべきです。そのために，評価方法が多様化されるべきなのです。

具体的指導や支援

では，先ほどの「読字に困難があるから，国語ができないけど，算数はできるでしょ？」と言われた子を例に具体的指導や支援を考えてみましょう。

まず，読字に困難があるという本人の特性を前提に，国語での支援から見ていきましょう。

「読む」というのは，大きく3段階に分かれると考えます。右の図で言うと，LEVEL ①は文字を音に変換する段階で，LEVEL ②は文字列から書いてある内容を把握する段階，LEVEL ③は書いてあることをもとに書いていないことを想像したり，自分の考えを形成したり

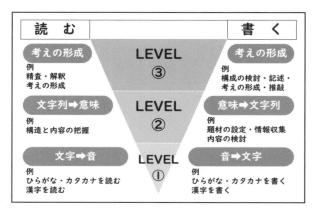

読み書きの3段階

する段階です。

　この子は，LEVEL ①や LEVEL ②に苦手さがあると考えられます。ですから，文字を正確に捉えやすくなるように，分かち書きのテキストを使用したり，1行ずつ読みやすくなるようにスリットを使ったりする方法などが考えられます。また誰かが読んでいるのを聞いたり，読み上げソフトなどを使ったりすることも有効でしょう。これがいわゆる合理的配慮です。

　この子は，LEVEL ③の段階では能力を発揮できるはずですので，気持ちを想像したり，主題について話し合ったりすることで大いに学習を楽しむことができるでしょう。

　算数の学習で考えるならば，文章問題に取組む時には，国語と同様にLEVEL ①や LEVEL ②の読み取りをサポートできるようにします。計算力や思考力があるにもかかわらず，読めなくて算数の能力が発揮できないということを避けるようにしなければなりません。

　やはり「特別扱い」は，その子の能力を発揮させるためには必要なことであり，その「特別扱い」は，すべての子どもたちに対して行われていくべきものだと考えます。

第2章　子どものつまずきを生み出す「罠」　　127

23
「インクルーシブ教育」という罠
共生社会

> インクルーシブ教育の推進が求められていますが、すべての子が同じ場で学ぶことがインクルーシブ教育だと思っていませんか？ もしそうならば「インクルーシブ教育」という罠にはまっています……。

つまずきケース㉓ 集団の場にストレスを感じる子

　ここ数年、インクルーシブ教育という言葉を教育現場では多く耳にするようになりました。すべての子どもが同じ場で学ぶことの価値についても言及されるようになりました。とても重要な考え方だと思います。

　その一方で、とにかく同じ場で学習活動を行うことがインクルーシブ教育であると捉えられてしまっているようにも感じます。配慮を要する子どもたちが同じ場で学ぶことは、本人にとっても、その他の子どもたちにとってもたくさんの学びにつながるものだと考えます。しかし、本人が望まない状況で同じ場で学ぶことが、本人にとって良いものになるかどうかは吟味の必要があると考えます。

　例えば、コミュニケーションが苦手な子にとって大勢の子どもたちと共に学ぶ場というのは、かなりストレスフルな学習環境だと言えるでしょう。人数が少ない学習環境を選択したい子もいるでしょう。本人が選択できない状況で、形式だけすべての子が同じ場で学ぶことを追求しようとするならば、特別支援教育の観点からすると、本末転倒です。なぜなら本人の教育的ニーズに合った支援ができていないからです。

教師がはまる「インクルーシブ教育」という罠

　同じ場で同じ時間を過ごす価値を否定するものではありませんが，表面的で形式的な教育環境は，決して評価できるものではありません。この「同じ場で同じ時間を過ごす」というのは方法論であり，これが目的になってしまう場合，本人の気持ちや本人の学びなどが無視されてしまいます。当事者主権が侵害され，何のためのインクルーシブ教育なのかわからなくなってしまいます。インクルーシブ教育という言葉自体が大きな力を持っています。その言葉の本当の意味を理解しないままインクルーシブ教育を推進していこうとすると，かえって子どもを傷つけてしまうことにもなるのです。

罠にはまらないために

　罠にはまらないために，もう一度インクルーシブ教育の目的を見直す必要があると考えます。以下は，文部科学省「共生社会の形成に向けたインクルーシブ教育システム構築のための特別支援教育の推進（報告）概要」[2-17]から一部抜粋したものです。

　1．共生社会の形成に向けて
　（1）共生社会の形成に向けたインクルーシブ教育システムの構築
（省略）
・共生社会の形成に向けて，障害者の権利に関する条約に基づくインク<u>ルーシブ教育システムの理念が重要であり，その構築のため，特別支援教育を着実に進めていく必要がある</u>と考える。
・インクルーシブ教育システムにおいては，同じ場で共に学ぶことを追求するとともに，個別の教育的ニーズのある幼児児童生徒に対して，<u>自立と社会参加を見据えて，</u>その時点で教育的ニーズに最も的確に応える指導を提供できる，<u>多様で柔軟な仕組みを整備することが重要で</u>

第2章　子どものつまずきを生み出す「罠」　129

ある。 (下線は筆者加筆)

このことから，まず「共生社会」の形成に向けて，「インクルーシブ教育」の理念が重要であり，インクルーシブ教育システム構築のために「特別支援教育」の必要性に言及していることがわかります。つまり，最終目的は共生社会の実現なのです。共生社会では，自立し社会参加が可能となるように，教育において多様で柔軟な仕組みの整備が求められているのです。

具体的指導や支援

では，共生社会の実現に向けて何ができるのか考えてみましょう。

「みんな違うということが同じなんですね」

これは，以前に担任した子どもが教えてくれた言葉です。よく「みんな違ってみんないい」という金子みすゞさんの詩を引用して，子どもたちの相互理解につなげようとする実践があります。もちろんこの言葉の価値は素晴らしいものだと思います。でも，人はそんなに強くありません。自分に自信がある人も多くはありません。「違う」ということは勇気がいることです。特に，日本人は「同じ」ということに安心を求める傾向が強いです。そのような中で，この子の教えてくれた「みんな違うということが同じなんですね」という言葉は，衝撃的でしたし，そう捉えるべきだと思いました。

次のページのイラストをご覧ください。左の２つはよく見るのではないでしょうか。本当のインクルーシブ教育は，一番右のイラストだと思っています。野球を観戦するという共通の目的に対して，踏み台として必要な支援を必要な分だけ受けています。その上で，真ん中にいる子を気遣い，左右の仲間が背中を支えています。一方的に支えられるのではなく，真ん中の子は，自分にできることで仲間を支えようともしています。例えば，野球に関する

知識が豊富であれば,左右の仲間に解説するという形で貢献することです。こうした関係性をつくることができる場こそが,学校教育であり,インクルーシブ教育が目指すところなのではないでしょうか。

本当のインクルーシブ教育

2-17 文部科学省(2012)「共生社会の形成に向けたインクルーシブ教育システム構築のための特別支援教育の推進(報告)概要」
〈https://www.mext.go.jp/b_menu/shingi/chukyo/chukyo3/044/attach/1321668.htm 2024.5.13. 閲覧〉

24
「学校」という罠
不登校

学校教育とは，学校のシステムに子どもを適応させ，学校に適応しづらい子どもに支援をするものだと思っていませんか？ もしそうならば「学校」という罠にはまっています……。

つまずきケース㉔ 登校しないことを選ぶ子どもたち

文部科学省「令和4年度児童生徒の問題行動・不登校等生徒指導上の諸課題に関する調査結果の概要（令和5年10月4日）」[2-18]では，下のグラフのように不登校児童生徒数の推移を報告しています。

平成29年以降は増加傾向にあると言って良いでしょう。当然コロナウイルス感染症の影響もあると思われます。しかしながら，コロナウイルス感染症により，それまで「学校は行かなければならない」と思っていた子どもたちが，「学校に行かなくても大きな問題はない」と思うようになったとも考えられるのではないでしょうか。

そもそも学校は誰のためにあるのでしょうか。学校は何のためにあるのでしょうか。学校で学ぶことの価値とは，どのようなものなのでしょうか。

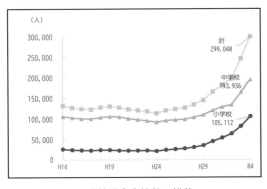

不登校児童生徒数の推移

教師がはまる「学校」という罠

　今，教師として教壇に立っている方は，子どもの時には学校は行かなければならないものだと思っていたのではないでしょうか。そして，教師の言うことは聞かなければならないとも思っていたのではないでしょうか。

　もちろん保護者に対しては，日本国憲法で子どもに普通教育を受けさせる義務を負うことが示されているので，いずれかの学校へ通わせることになるでしょう。

　ただ，多様な学び方が提供される現在は，制度上の在籍についての話は一度置いておいて，フリースクールやオンラインを基本とした通信制学校，サポート校などで学ぶという選択肢もあります。学校とは少し離れますが，インターネットや動画配信サイトなどを活用して，学びたいことを自由に学ぶこともできるようになりました。ですから，地域の公立校や私立校など，いわゆる「学校」に必ずしも登校せねばならないことはないのです。

　そう考えると，今までの学校のスタンスのままで良いのかという疑問が出てきます。今までは学校に合わない子どもたち側に，何か問題があるのではないかと考えられ，学校に適応するための支援策が講じられていました。しかし，これからは，学校が子どもに合わせていく時代になっていくのかもしれません。少なくとも，そのような心構えを持って子どもに合わせた支援を進めていかなくてはならないのかもしれません。

　絶対的存在であった「学校」のイメージを変えていく必要があるのです。

罠にはまらないために

　端的に言えば，学校の在り方について，これまでの「学校が前提」という概念を崩し，新たな学校のスタイルを確立していくことで，罠にはまらないで済むのではないかと考えます。総合科学技術・イノベーション会議は，「Society5.0の実現に向けた教育・人材育成に関する政策パッケージ」[2-19]の中

第2章　子どものつまずきを生み出す「罠」　133

で,

> 「学校で」「教師が」「同時に」「同一学年の児童生徒に」「同じ速度で」「同じ内容を」教える，という現行の基本的な枠組みでは十分に対応できない。

> 学校環境が画一的・均質的であり，子供たちや学びの多様化等に必ずしも対応できていない状況。

と述べています。多様化する子どもたちのニーズ，そして予測困難なこれからの社会に対して，従前の学校教育の在り方を頑固に貫き通し続けることは難しいでしょう。

　また，コロナウイルス感染症拡大を機に，1人1台端末の整備が急速に進み，子どもたちのより豊かな学習環境が整ってきています。こうしたことを受けて，次期学習指導要領改訂に向けては，抜本的な教育改革がなされることは容易に予測がつきます。

　我々教師は，こうした変化に柔軟に対応していかねばならないでしょう。ただ，その時のヒントになるのが，これまでの「学校が前提」という考え方から，「子どもが前提」という考え方へとシフトすることだと思います。

具体的指導や支援

　予測困難な社会に向けて，教育現場で実際に何をしていけば良いのかを考えるのは難しさがあります。ただ，「OECDの生徒の学習到達度調査（PISA）2022のポイント」[2-20]によると，「ICTを用いた探究型の教育の頻度」について，ICT活用調査に参加したOECD加盟国29か国のうち，日本は29位でした。活動別のデジタル・リソース使用状況については，「学校の課題のために文

章を書いたり編集したりする」や「実社会での問題や現象についての情報を,オンラインで見つける」など,授業での課題処理と思われる質問項目では,「まったく,又はほとんどない」と回答した生徒は,それぞれ37.4％,55.8％でした。一方「自分の作業課題やプロジェクトの進み具合について調べる」や「自分で集めたデータを分析する」など,主体性のある活用については,それぞれ67.3％,69.6％でした。

このことから,子ども自身が自分の学びをコーディネートする力の弱さがあると解釈できます。これからの学校を考える時,「子どもを前提」にすることを含め,この辺りが改革のポイントになるのではないかと考えます。

2-18 文部科学省（2023）「令和4年度　児童生徒の問題行動・不登校等生徒指導上の諸課題に関する調査結果の概要」
〈https://www.mext.go.jp/content/20231004-mxt_jidou01-100002753_2.pdf　2024.5.13.閲覧〉

2-19 総合科学技術・イノベーション会議（2022）「Society5.0の実現に向けた教育・人材育成に関する政策パッケージ」
〈https://www8.cao.go.jp/cstp/tyousakai/kyouikujinzai/saishu_print.pdf　2024.5.13.閲覧〉

2-20 文部科学省・国立教育政策研究所（2022）「OECD 生徒の学習到達度調査 PISA 2022のポイント」〈https://www.nier.go.jp/kokusai/pisa/pdf/2022/01_point_2.pdf　2024.5.13.閲覧〉

第2章　子どものつまずきを生み出す「罠」

❷ 感情のコントロールを教えるスキル

> 一番多い相談

　教師として何年か学校現場にいると，子どもの対応について後輩から相談されることがあります。また，特別支援教育コーディネーターもしていましたので，校内の先生方から相談されることも多いです。
　相談内容はさまざまですが，一番多いと感じるのは「感情のコントロールが苦手で，暴言・暴力が出てしまう子」です。相談にいらっしゃる先生方は，暴言・暴力を出してしまう子自体も心配ですし，周りにいる子たちのことも心配しています。確かに，傷つけ合う関係性が学級の中にあるのは，望ましい状態とは言えないでしょう。

　先生方に詳しく話を聞いてみると，ある子は，自分の思い通りにいかない時に，友達を叩いたり髪の毛を引っ張ったりしてしまうそうです。ある時には，「何でわかんないんだよ」と言いながら，地団駄を踏んで悔しがっている様子もあるそうです。暴言としては，気に入らないことがあると，相手に対して「バカ」や「死ね」というような言葉を繰り返し使うそうです。
　このような言動を見えていること，つまり「見えてる事実」だけで解釈しようとすると，周りの人は理解に苦しみ，距離を置こうとしたり，感情的に抑えようとしたりしたくなります。

特別支援教育の視点で「見えない真実」を見る

　もちろん私たちは教師であり，教育の専門家です。ですから，ただ感情的にこの子の言動を受け止め，対処するというわけにはいきません。

　この時に大事になってくるのが，"特別支援教育の視点でこの子の「見えない真実」を見る"ということです。暴言や暴力などの「見えてる事実」は，誰が見てもわかります。でも，教育の専門家である私たち教師は，「見えない真実」に目を向け，子どもの本当の気持ちや心の声を読み取り，適切な支援をしていかなければなりません。

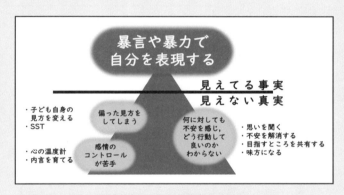

暴言や暴力で自分を表現する子

　上の図を見てください。例えば，「見えてる事実」として，「暴言や暴力で自分を表現しようとする子」がいたとします。さまざまな「見えない真実」を予想することができます。

　例えば，「何に対しても不安を感じ，どう行動して良いのかわからない」ことが考えられます。この不安を解消するために，自分のできる方法で不安であることを伝えようとしていたと解釈することもできるのではないでしょうか。具体的な支援としては，その不安を解消していけるような支援策を提案したり，その子が安心できるような味方を増やしたりすることなどがあります。

column　身につけておきたい教師のスキル

「偏った見方をしてしまう」ことも考えられます。この場合には，違う見方があることや納得いかない時にはどうしたらいいのか，ソーシャルスキルトレーニングをしていくということが考えられます。
　そして，「感情のコントロールが苦手」ということも考えられます。この感情のコントロールについては，心の温度計や表情マークなどを使うことが考えられます。さらに，内言を育てるということも有効な手立てです。

内言を育てる

　では「内言を育てる」ということについて，もう少し詳しく説明します。
　暴言や暴力が出る子を分析すると，自分の気持ちを自分の知っている少ない語彙で表現したり，出しやすい行動で表現したりしていると解釈できます。本来であれば，言葉を使って自分の気持ちを伝えられれば良いのですが，そこに苦手さがあるお子さんだと考えられます。

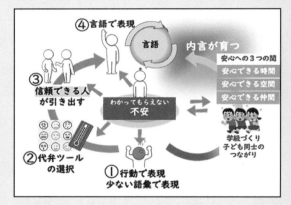

内言を育てる4つのプロセス

　特別支援教育の視点からは，こうしたお子さんに対して，その子の気持ちを代弁してくれるようなツールを使います。例えば，心の温度計や表情マークといったものがそれになります。ここで気をつけたいのは，あくまでもこれらは，その子の気持ちをラベリングして整理するためのもので，その子が気持ちを言語化するためのステップの1つだということです。くれぐれもこうしたツールを使うことに満足するのではなく，最終的には言語化できるようにしていきましょう。

　次のステップは,「信頼できる人がこの子の気持ちを引き出す」です。「今,悲しかったんだね」とか「怒っているんだね」などと,その子の気持ちを言葉でラベリングしていきます。言葉でラベリングすることで,その子は自分の気持ちを共有できる人がいることに安心します。それと同時に,自分の気持ちを伝えるには,言葉という便利なものがあるということに気がつきます。

　こうして言葉で表現することを覚えた子は,実際に言葉を使って自分の気持ちを表現できるようになっていきます。その言葉は,次第に自分の思考を整理したり,感情をコントロールしたりする内言へと変化していきます。

　読者の皆さんも,感情をコントロールする時に,音声では出ない,心の中の言葉を使っていませんか。それが内言です。この言葉を育てていくということが,極めて大切な支援となるわけです。

ステップを踏む

　できないことができるようになったり,わからないことがわかるようになったりするなど,発達には順番があります。その順番を正しく理解し,子どもがどの段階にいるのか,正しく把握していくことで,適切な支援につながっていきます。

　決していきなりできるようになったり,飛び級のように成長したりすることはありません。順番があります。

　大人は,子どものできないことを見つけてしまいがちです。完璧な子どもなどいるはずもないのに,完璧な理想像を勝手に思い描き,そこからできないことを探してしまいます。とても悲しい見方だと思いませんか。

　そうではなく,もともと子どもはできない状態からスタートしていて,1つずつできることが増えている途中だという見方をしていきたいです。そうした見方ができると,子どもは安心して教師を信頼し,より成果を出せる支援をしていくことができるようになるのです。

おわりに

　教育のユニバーサルデザイン化について，これまで私なりに学んできました。特別支援教育の視点から，子どもの苦手さに着目し，より多くの子どもたちが学びやすいようにするための理論や方法について研究し，発信してきました。

　学校現場では，この考え方が広まりつつあり，子どもの苦手さに対応できるよう指導や支援が行われるようになってきました。しかし，学校に馴染めず登校することを選択しない子や，なかなか学習成果につながらず自信をなくしてしまう子などが増え続けているように感じています。

　この矛盾するような状況をどう理解したら良いのか考えました。考えてもなかなか答えに辿り着けずにいました。

　そのような時，明治図書の佐藤智恵さんからお声がけいただきました。「先生方がはまってしまう罠のようなものについて本にまとめてみてはどうか」という内容でした。その言葉を聞いて，先程の矛盾を感じた部分の答えが，ここにあるのではないかと思うようになりました。

　教師は，「子どものために頑張ろう」と思い，さまざまに工夫して教育活動を展開していきます。実は，この「子どものために頑張ろう」という言葉の隠れた部分に，「そのために，教師のパラダイム（原体験）をあてはめよう」という言葉が潜んでいることに気づきました。教育の対象となる子どもも，教育の根拠となる学習指導要領も変わっているのに，数十年前のパラダイムをあてはめようとします。そのことによって，子どものつまずきを生み出してしまう。これが矛盾の正体だとわかりました。

　このことは，教育のユニバーサルデザイン化を阻んでいたのが，皮肉にも教師自身であったという残酷な事実を教えてくれました。

子どもたちは，大きな可能性を持っています。教師のパラダイムを子どもに押しつけることによって，成長しようとする子どもたちを教師自身が上から押さえつけ，成長を止めようとしてしまうことになるかもしれません。

　しかも，「罠」という言葉で表現したように，教師が無意識のうちに，むしろ良かれと思って行っている教育活動だから罪深いのです。

　教師のパラダイムからの脱却という視点が，読者の皆さんの教育活動をより良いものにし，子どもたちの豊かな学びにつながると嬉しいです。

　本書の執筆のきっかけを与えてくださった明治図書の佐藤智恵さん。たくさんご迷惑をおかけして申し訳ありませんでした。佐藤さんのおかげで，執筆しながらも，私自身がパラダイムに縛られ，気を抜くとすぐに「罠」にはまってしまうということに気づかされました。執筆に不慣れな私に対して，何度もあたたかい言葉をかけていただきました。その度に勇気づけられ，本書の完成まで辿り着くことができました。本当にありがとうございました。

　私たち教師は，保護者よりも近くで子どもたちの成長を見ることができます。昨日はできなかったことが，できるようになった瞬間を見ることができます。そして，その成長の喜びを子どもたちと共有することができます。そんな素敵な仕事を私たちはしているのです。

　読者の皆さんが，「罠」にはまることなく，子どもたちの成長と出合い，子どもたちと素敵な日々を送れることを願っています。

著者　上條　大志

【著者紹介】
上條　大志（かみじょう　まさし）
教育行政事務局職員。公立小学校教員として17年間の勤務を経て現職。修士（教育学）。特別支援教育士。星槎大学客員研究員。星槎大学大学院教育学研究科修了。神奈川県優秀授業実践教員表彰。

主な研究分野として、通常の学級におけるインクルーシブ教育、特別支援教育の視点からの学級経営、読み書き困難の指導・支援など。校内外の研修や講座等で講師を務める。所属学会等として、日本授業UD学会、日本LD学会、日本学級経営学会、発達性dyscalculia研究会、小田原支援教育研究会ほか。

単著に『つながりをつくる10のしかけ』（東洋館出版社）、共著に『個別最適な学び×協働的な学びを実現する学級経営365日のユニバーサルデザイン』（明治図書）、『これで書ける！　サクサク作文サポート［小学校編］』（東洋館出版社）などがある。

教室の罠をとりのぞけ！
どの子もつまずかせないユニバーサルデザイン

2024年8月初版第1刷刊	©著　者　上　條　大　志
	発行者　藤　原　光　政
	発行所　明治図書出版株式会社
	http://www.meijitosho.co.jp
	（企画）佐藤智恵（校正）nojico
	〒114-0023　東京都北区滝野川7-46-1
	振替00160-5-151318　電話03(5907)6703
	ご注文窓口　電話03(5907)6668
＊検印省略	組版所　株　式　会　社　カ　シ　ヨ

本書の無断コピーは、著作権・出版権にふれます。ご注意ください。

Printed in Japan　　　　　ISBN978-4-18-139920-7
もれなくクーポンがもらえる！読者アンケートはこちらから